그리스·로마 신화 8
페르세우스 페가소스 테세우스 펠레우스

메네라오스 스테파니데스 글 · 야니스 스테파니데스 그림

25년 동안의 신화 연구 끝에 완성한 이 작품은 1989년 세계에서 가장 오래되고 권위 있는 어린이 문학상 피에르 파올로 베르제리오상을 수상했습니다.

정재승 추천

KAIST에서 물리학을 전공하고 예일대학교 의대 정신과 연구원, 컬럼비아대학교 의대 정신과 조교수를 거쳐 현재 KAIST 바이오및뇌공학과 교수와 융합인재학부장으로 연구하고 있습니다. 의사결정 신경과학을 통해 정신질환을 탐구하고 사람을 닮은 인공지능을 개발합니다. 《과학 콘서트》《물리학자는 영화에서 과학을 본다》《인류탐험보고서》《인간탐구보고서》 등을 기획하거나 썼습니다. 책 읽기를 즐기며, 과학적 상상력과 신화적 상상력을 연결하고 싶어 합니다.

그리스·로마 신화 8

페르세우스 페가소스 테세우스 펠레우스

메네라오스 스테파니데스 글 | 야니스 스테파니데스 그림 | 정재승 추천

1판 1쇄 발행 2022년 7월 20일 | 1판 5쇄 발행 2025년 1월 31일
펴낸이 정중모 | 펴낸곳 파랑새 | 등록 1988년 1월 21일(제406-2000-000202호)
주간 서경진 | 편집 정혜연 | 디자인 권순영
마케팅 홍보 김선규, 고다희 | 디지털콘텐츠 구지영
제작 윤준수 | 회계 홍수진
주소 경기도 파주시 회동길 152 | 전화 031-955-0700 | 팩스 031-955-0661
홈페이지 www.yolimwon.com | 전자우편 bbchild@yolimwon.com
ISBN 978-89-6155-987-4 74800, 978-89-6155-964-5(세트)

Greek Mythology

Text copyright © Menelaos Stephanides Illustrations copyright © Yannis Stephanides
All rights reserved. Korean translation copyright © 2022 by BluebBird Publishing Co.
Korean translation copyright arranged with Sigma Publications F.& D. Stephanides O.E.
through Shinwon Agency Co., Seoul.

이 책의 한국어판 저작권은 Shinwon Agency를 통한 독점 계약으로 파랑새에 있습니다.
저작권법에 의해 한국 내에서 보호를 받는 저작물이므로 무단 전재와 무단 복제를 금합니다.

어린이제품안전특별법에 의한 제품 표시
제조자명 파랑새 | 제조년월 2025년 1월 | 제조국 대한민국 | 사용연령 12세 이상

그리스·로마 신화 8

페르세우스 페가소스 테세우스 펠레우스

메네라오스 스테파니데스 글
야니스 스테파니데스 그림

파랑새

단언컨대, 삶은 미궁이다.
현명한 답을 '혼자' 찾는다면
인생이라는 미궁에서
훌륭히 살아남을 것이다!

| 추천사 |

뇌과학으로 신화 읽기: 미궁

 만약 내게 그리스·로마 신화에 나오는 수많은 이야기 중에서 가장 좋아하는 것이 무엇인지 물어본다면, 나는 주저 없이 이번 8권에 나오는 '미궁' 이야기라고 답하겠다. 처음 그리스·로마 신화를 읽었을 때부터 지금까지 한결같이 가장 좋아하는 에피소드이다.

 전설적인 영웅 테세우스는 괴물 미노타우로스가 있는 미궁 안으로 들어가게 된다. 미궁은 워낙 복잡하게 길이 나 있어서 한번 들어가면 결코 빠져나올 수 없는 미로이다. 그는

미노스 왕의 딸 아리아드네가 시키는 대로 실의 한쪽 끝을 미궁 입구에 붙들어 매고 실패에 감겨 있는 실을 풀면서 앞으로 나아갔다. 미궁 한복판에서 괴물 미노타우로스를 만나 그의 가슴에 칼을 꽂아 죽이고, 다시 실을 감으면서 왔던 길로 되돌아올 수 있었다. 그래서 '아리아드네의 실'은 이처럼 어려운 상황에서 빠져나오는 방법을 상징하는 말이 된 것이다.

 단언컨대, 삶은 미궁이다. 어찌나 복잡하게 연결돼 있고 다양하게 전개되는지 해답을 찾기가 어렵다. 우리 모두는 삶이라는 미궁에 빠진 테세우스 신세이다. 미궁 같은 삶 안에서 멋진 해결책을 찾기 위해서는 당황하지 않고 현명하게 기지를 발휘해야 할 것이다.

그러기 위해서는 여러분의 뇌 전체를 두루 한껏 사용해야 하지만, 그중에서도 이마 바로 뒤에 있는 뇌영역인 '전전두엽'을 제대로 사용해야 한다. 전전두엽은 복잡한 상황을 정확히 파악하고, 수많은 선택지 중에서 가장 현명한 선택지를 찾는 기능을 한다. 맥락을 파악하는 통찰, 현명한 선택, 경우에 맞는 행동, 두루 배려하고 심사숙고하는 뇌영역인 셈이다. 전전두엽은 13세부터 18세까지, 그러니까 사춘기 때 급속도로 발달한다. 누가 가르쳐준 대로 따라 할 때가 아니라 혼자 문제를 해결하기 위해 끙끙거릴 때 가장 빠르게 발달한다.

 여러분이 학교에서 어려운 문제를 푸는 것은, 세상에 나가 만나게 될 숱한 인생 문제들을 혼자 해결할 수 있도록 미리 연습하는 일이다. 아리아드네처럼 현명한 답을 '혼자' 찾아보길 바란다. 그럼 세상에 나가게 됐을 때 인생이라는 미

궁에서 훌륭히 살아남을 것이다! 전전두엽과 뇌 전체를 두루 잘 사용해 삶이라는 미궁을 너끈히 헤쳐 나가길 응원한다.

정재승 (뇌과학자, 『과학콘서트』 『열두발자국』 저자)

| 차례 |

추천의 글 6

페르세우스와 그의 조상들 15

벨레로폰과 페가소스 75

테세우스의 모험 129

아테네의 영웅 테세우스 167

아이아코스와 펠레우스 241

아탈란테와 멜레아그로스 289

페르세우스와 그의 조상들

페르세우스와 그의 조상들

그리스 신화 속의 모든 위대한 영웅들이 그렇듯 페르세우스도 그 조상을 찾으려면 먼 옛날로 거슬러 올라가야 한다. 사실 그의 첫 조상은 티탄족을 자녀로 둔 카오스와 대지의 여신 가이아이다.

티탄족 가운데 가장 유명한 오케아노스는 이 세상 모든 강의 아버지였다. 그의 아들인 강의 신 이나코스가 아르고스의 첫 번째 통치자가 되었는데, 그의 자손들 가운데서 페르세우스와 헤라클레스가 나왔다.

이나코스가 아르고스를 세웠고 페르세우스는 이 도시의 가장 강력한 영웅이 되었다. 이 두 사람 사이의 자손들 대부분은 그리스에서 멀리 떨어진 곳에서 살았다.

어떻게 그런 일이 일어나게 되었는가는 이나코스의 불운한 딸 이오의 신화에서 알 수 있다. 이오는 제우스의 사랑을 받았고 헤라의 질투를 받아 고향에서 쫓겨나게 되었다. 무자비하게 쫓기던 이오는 마침내 나일강 가에 도착했고 거기서 에파포스를 낳았다. 에파포스는 이집트의 첫 번째 왕이 되었다.

불행한 이오의 자손들이 어떻게 다시 조상들의 도시로 돌아가게 되었는가가 이 비극적인 이야기의 주제다.

다나오스와 50명의 딸

에파포스에게는 '리비아'라는 딸이 있었다. 그녀는 바다의 신 포세이돈과 결혼해서 '벨로스'라는 아들을 낳았다.

벨로스 역시 나일강 가의 영토를 다스렸다. 강력한 군주였던 그는 동쪽과 서쪽에 있던 이웃 나라를 정복하고 그중 서쪽 왕국의 영토를 어머니를 기리는 뜻에서 '리비아'라고 다시 이름지었다.

그런 다음 벨로스는 자기 아들들을 정복국의 왕으로 앉혔다. 아이깁토스는 아라비아의 왕이 되었고 다나오스는 리비아의 왕이 되었다.

어렸을 때 서로 멀리 떨어진 왕국을 다스리게 된 두 형제는 각각 50명의 자녀를 두게 되었다는 것 외에는 공통점이 없었다. 그러나 아이깁토스의 아이들은 모두 아들이었고 다나오스의 아이들은 모두 딸이었다. 그래서 아이깁토스가 다나오스보다 세력이 더 강했다.

벨로스가 죽자 아이깁토스는 군대를 이끌고 재빨리 쳐들어가서 아들 50명의 도움으로 나일강 가의 땅을 정복했다. 그 뒤로 그 땅은 '이집트'라는 이름을 갖게 되었다. 그는 다나오스 또한 아버지의 왕좌를 물려받을 정당한 자격이 있다는 사실을 무시했을 뿐 아니라 그가 다스리는 나라까지 빼앗으려고 싸움을 일으켰다.

다행히 다나오스는 아테나 여신의 귀띔을 받았다. 아테나 여신은 그에게 50명의 딸을 데리고 그의 조상인 이나코스와 이오의 땅인 아르고스로 도망치라고 충고했다.

다나오스는 아테나의 충고를 받아들여 아르고스를 향해 떠나기로 작정했다. 딸들만 거느린 그가 어떻게 아들이 50명이나 되는 아이깁토스와 겨룰 수 있겠는가?

다나오스가 딸들을 곱게 기르지 않고 일하는 데 익숙해지도록 훈련시킨 것은 아주 다행스러운 일이었다. 다나오스는 딸들의 도움으로 50명이 노를 저을 수 있는 배를 만들었다. 그때까지 만들어진 배 가운데 가장 큰 배였다.

배가 완성되자 다나오스는 딸들에게 노를 젓게 한 다음 정든 리비아에 작별을 고하고 머나먼 아르고스를 향해 출발했다.

그들의 배는 며칠 동안 파도를 헤치면서 북쪽으로 나아갔다. 마침내 육지가 보였지만 그 땅은 아르고스가 아니라 로도스섬으로 밝혀졌다. 그래도 로도스섬은 그들이 상륙해서 쉴 수 있는 장소였다.

다나오스와 딸들은 로도스섬에 상륙했다. 그들은 자신들을 구원해 준 아테나 여신에게 감사하기 위해 여신의 동상을 세웠다. 그 동상은 '린도스의 아테나'라고 알려지게 되었다. 그런 다음 다나오스는 자신의 가족이 안전하고 빠르게 아르고스에 닿게 해 달라고 신들에게 빌었다.

아르고스로 돌아오다

이튿날 아침 그들은 다시 항해에 나섰다. 제우스 신이 직접 그들의 배를 보살펴 주었다. 며칠 뒤 그들은 지쳤지만 행복한 마음으로 조상의 땅에 도착했다.

이 무렵 아르고스는 겔라노르라는 왕이 다스리고 있었다. 다나오스는 그에게 보호를 요청했다. 아이깁토스의 아들들이 자신을 추적해 올까 봐 두려웠기 때문이다.

겔라노르는 미심쩍어했다. 그러자 다나오스의 딸들인 다나이스들이 무릎을 꿇고 제우스 신과 그들의 한 조상인 이나코스와 이오의 이름으로 자신들의 처지를 불쌍히 여기고 피난처를 제공해 줄 것을 간청했다.

그래도 겔라노르는 망설였다. 그가 다나오스를 돕는다는 것은 강력한 아이깁토스와의 전쟁을 뜻하는 것이었다. 그렇게 되면 아르고스에 큰 재앙이 닥칠지도 모르는 일이었다.

하지만 그가 손님에게 피난처를 제공하지 않는다면 손님을 환대해야 한다는 제우스 신의 성스러운 규칙을 위반하는 것이었다.

겔라노르는 어떻게 해야 할지 몰라 망설였다.

그러는 동안 도시의 시민들은 다나오스와 그의 딸들을 동정하여 그들을 돕기로 했다. 더욱이 그들은 자신들과 아무 관계가 없는 사람이 아니라 동족이었다. 그들은 이나코스의 아름다운 딸 이오의 후손이었기 때문이다.

그들은 다나이스들이, 복수심에 불타는 헤라의 노여움 때문에 세상 이곳 저곳으로 쫓겨 다닌 이오의 운명을 반복하지 않게 해야 한다고 마음먹었다.

시민들이 이런 결심을 굳혔을 때 하나의 사건이 일어났다. 그 사건은 다나오스와 그의 딸들에게 커다란 행운을 가져다 주었다. 늑대 한 마리가 겔라노르의 가축 떼 중에서 가장 잘생기고 힘이 센 황소를 공격해서 갈가리 찢어 놓았던 것이다.

아르고스의 시민들은 이것을 신들이 보낸 조짐이라고 확신했다. 늑대는 새로 온 사람, 즉 다나오스이고 황소는 바로 그들의 왕 겔라노르라는 것이었다.

늑대가 황소를 물어 죽인 일과 백성들이 그 일을 어떻게 해석하고 있는가를 들은 겔라노르는 이 징조가 사실로 판명될까 봐 두려웠다. 그는 황소처럼 자기도 목숨을 잃게 될지 모른다고 생각했다. 그래서 왕위를 포기하고 도망쳐 버렸다. 그러자 다나오스가 그를 대신해서 아르고스의 왕이 되었다.

그러나 다나오스는 자기의 행운을 기뻐할 여유가 없었다. 아이깁토스의 아들들이 아르고스로 쳐들어왔기 때문이었다.

그들이 쳐들어오자 온 백성이 똘똘 뭉쳐 다나오스 편에 섰다. 아르고스의 가장 훌륭한 전사들이 전열을 정비했고 그들의 맨 앞에는 다나이스들이 섰다. 시민들이 용감하게 도우러 나서는 것을 보고 다나이스들도 가만히 앉아 있을 수 없었던 것이다. 더욱이 그들은 곱게 자란 연약한 처녀들이 아니었다. 아버지가 그들에게 칼과 창 쓰는 법을 가르쳤던 것이다. 제2의 아마존인 다나오스의 딸들은 이제 전선에 자리를 잡고 닥쳐올 전쟁에 대비했다.

가까이 다가온 아이깁토스의 50명의 아들은 여신처럼 아름다운 50명의 다나이스들이 끝까지 나라를 지키겠다는 결의에 불타 있는 모습을 보고 놀라서 서로를 바라보았다. 그들은 전쟁이 아닌 다른 방법이 없는가를 토론하기 시작했다.

한참 뒤에 그들은 다나오스에게 전쟁을 할 게 아니라 평화적으로 해결하는 게 어떻겠느냐고 제의했다. 그들은 다나오스의 딸들과 싸우는 대신 그들과 결혼하면 어떻겠느냐는 의견을 내놓았다.

그들은 이렇게 덧붙였다.

"만약 당신이 우리의 제의를 받아들이지 않는다면 우리는 아르고스를 불바다로 만들겠소!"

다나오스는 어찌해야 좋을지 몰랐다. 무슨 희생을 치르더라도 전쟁은 피하고 싶었다. 전쟁을 한다면 그에게 기꺼이 피난처를 제공한 도시가 파괴될지도 모르는 일이었다.

그러나 다른 한편으로 그는 여전히 아이깁토스의 아들들을 미워하고 있었다. 그는 그들의 결혼 제의 뒤에 어떤 음모가 숨어 있을지도 모른다고 의심했다. 결국 다나오스는 그들의 제의를 받아들였다. 달리 선택의 길이 없었기 때문이었다.

이미 다나오스의 마음속에는 그들을 없앨 계획이 자리 잡고 있었다. 결혼식 준비가 진행되는 동안, 다나오스는 딸들에게 비밀리에 단도 한 개씩을 주면서 첫날밤에 남편들이 옆에 누울 때 찔러 죽이라고 지시했다.

다나오스는 이렇게 덧붙였다.

"내 지시에 따르지 않는다면 너희들에게 재앙이 닥칠 것이다. 신들께서는 불복종에 대해서 엄한 벌을 내리느니라."

아이깁토스의 아들들이 뜻한 대로 성대한 결혼식이 치뤄졌다. 그들은 자신들에게 어떤 운명이 닥칠지 전혀 짐작하지 못했다.

결혼식이 끝나고 밤이 되자 각각의 쌍들은 방으로 들어갔다. 아이깁토스의 아들들은 첫날밤의 신방에서 하나하나 죽음을 맞았다.

린케우스와 히페름네스트라

그러나 그중 한 방에서 아이깁토스의 아들들 가운데 가장 미남인 린케우스만은 신부 곁에 눕지 않았다. 아름다운 다나이스 히페름네스트라가 베개 밑에 감추어 둔 칼을 더듬어 찾으며 어서 오라고 그를 불렀다.

그러자 린케우스는 이렇게 말했다.

"우리는 당신들에게 큰 잘못을 저질렀어요. 나는 내 형제들의 뜻에 동의할 수 없어요. 두 사람이 무력에 의해 결혼하는 것은 옳지 않아요. 나는 여자가 아무리 아름다워도 그녀가 자기 뜻에 의해 나를 선택하지 않는다면 잠자리를 함께 할 수 없어요."

린케우스는 담요 한 장을 가지고 방구석으로 가더니 곧 잠들어 버렸다. 히페름네스트라는 잠을 이룰 수 없었다. 젊은이의 말이 그에게 품었던 증오심을 날려 버렸고 이제 그녀의 가슴속에는 그에 대한 사랑이 싹텄기 때문이었다. 그래서 그녀는 밤새도록 문 뒤에서 지켰다. 언니나 여동생들이 린케우스가 살아 있는 것을 보고 죽일까 봐 두려웠기 때문이었다.

 히페름네스트라의 언니와 동생들은 모두 아버지가 시
킨 대로 하고는 깊은 잠에 빠져 있었다. 그들은 아버지의

지시대로 원수를 죽였다는 생각으로 마음이 홀가분해져서 마음 편히 잠을 이룰 수 있었다.

동이 트기 직전 히페름네스트라는 린케우스를 깨워 간밤에 일어난 일을 이야기해 주었다. 그리고 그가 궁전을 빠져나가 안전한 곳으로 도망칠 수 있도록 도와주었다.

아침이 되어 히페름네스트라가 남편을 죽이지 않았다는 것을 안 다나오스는 불같이 화를 냈다. 그는 즉시 그녀를 쇠사슬에 묶어서 감방에 처넣으라고 명령했다. 그날로 히페름네스트라는 법정에 끌려나왔고 다나오스는 그녀에게 사형을 언도할 것을 요구했다. 법정에 출석한 모든 사람들, 즉 그녀의 아버지, 언니와 동생들, 재판관들 그리고 구경꾼들은 히페름네스트라에게 반감을 가지고 있었다. 아르고스의 모든 시민들도 그녀를 비난했다.

히페름네스트라가 저지른 죄는 오늘날 우리가 생각하는 것보다 훨씬 무거운 것이었다. 아버지의 명령을 거역함으로써 그녀는 태초부터 지켜져 오던 법을 어겼다. 또한 언니와 동생들과의 신의도 배반했기 때문에 그 죄가 두 배나 되었다.

그러나 히페름네스트라가 사형 언도를 받기 직전에 위대한 사랑의 여신 아프로디테가 법정에 나타났다.

사랑의 힘

아프로디테 여신이 소리쳤다.

"지금 무슨 짓을 하고 있는 거예요? 그래요, 자녀들은 부모의 명령을 따라야 해요. 하지만 세상에는 그보다 더 중요한 게 있어요. 그건 사랑의 힘이에요! 이 세상의 첫 번째 부부인 위대한 하늘의 신 우라노스와 아름다운 땅의 여신 가이아를 생각해 보세요. 그들이 우리에게 어떤 본보기를 보였나 생각해 보라구요.

가이아가 사랑을 원하면 하늘은 풍요로운 비의 형태로 그녀에게 사랑을 쏟아 주지요. 그러면 땅은 씨앗을 싹틔우고 식물과 동물을 살찌우지요. 그런 것들이 없다면 당신들은 살 수가 없어요. 모두들 신중하게 생각하세요! 당신들은 저 여자가 사랑을 했다고 사형에 처하려고 하는데 그러한 사랑이 없었다면 당신들은 이 세상에 나오지 못했을 거예요. 사랑이 없다면 이 세상의 아름다운 것들은 모두 사라지고 말 거예요."

아프로디테는 더 이상 말하지 않았다. 그러나 여신의 말은 효과가 있었다. 불과 얼마 전에 히페름네스트라를 사형에 처해야 한다고 동의했던 사람들이 이제 그녀의 행동을 비난하지 않았다. 다나오스까지도 아무 말이 없었다. 히페름네스트라에게는 무죄가 선포되었다.

쇠사슬에서 풀려난 아름다운 히페름네스트라는 아르고스의 아크로폴리스로 달려 올라갔다. 그 높은 언덕에서 그녀는 주위의 시골을 둘러보았다. 사랑하는 남편이 보내는 신호를 찾기 위해서였다. 곧 그 신호가 왔다. 근처 언덕에서 봉화가 솟은 것이다. 린케우스가 거기 안전하게 있다는 신호였다.

곧 도시의 모든 시민들이 그들의 사랑을 축복해 주었다. 그리고 뒷날 다나오스가 죽자 린케우스가 아르고스의 왕이 되었다. 이렇게 해서 페르세우스 그리고 헤라클레스를 탄생시킨 가계가 시작된 것이다.

아버지의 명령에 따라 남편을 죽인 49명의 다나이스는 괴로웠다. 제우스는 아테나와 헤르메스에게 그들의 죄를 씻어 주라고 명령했다. 그 뒤 다나오스는 그들의 새 남편을 찾아 주기 위해 전차 경주를 열었다. 그리스 곳곳에서 가장 용감한 젊은이들이 초대되어 다나오스의 아름다운 딸들과 결혼하기 위해 겨루었다. 한 경기가 끝날 때마다 우승자는 다나이스에게 한 명씩 찾아가 청원을 했다.

마침내 다나오스의 모든 딸이 짝을 찾았다. 아버지를 닮은 다나이스들은 많은 자녀를 낳았다. 다나이스의 후손들은 엄청나게 늘어났다. 결국에는 그리스의 모든 주민이 '다나오스'라는 이름을 갖게 되었다.

다나이스들의 항아리

다나이스들은 신들과 인간들로부터 용서받았지만, 하데스의 엄한 판결을 피할 수 없었다. 그들은 죽은 뒤에 힘든 일을 끝없이 해야 하는 처벌을 받았다. 밑바닥이 없는 독에 물을 길어다 붓는 일이었다.

그들은 잠시도 쉬지 못하고 물동이를 날라다가 독에 물을 붓지만, 물은 곧 밑으로 빠져 나가 독에는 영원히 물이 차지 않았다. 이처럼 다나이스들은 아버지의 명령을 맹목적으로 따름으로써 지은 엄청난 죄의 대가를 치르기 위해 수백, 수천 년 동안 벌을 받고 있다.

아무리 물을 길어다 부어도 차지 않는 이 독은 '다나이스의 항아리'라 알려져, 희망 없는 일의 상징이 되고 있다.

아크리시오스와 프로이토스

린케우스의 뒤를 이어 그의 아들 아바스가 아르고스의 새로운 왕이 되었다. 아바스는 쌍둥이 아들 프로이토스와 아크리시오스를 두었다.

우리는 앞에서 아이깁토스의 탐욕이 그와 다나오스를 철천지 원수지간으로 만들었음을 보았다. 프로이토스와 아크리시오스 형제는 그보다 더욱 사이가 나빴다. 형제는 아주 어릴 때부터 밤낮없이 싸워서 그리스 전역에 악명을 떨치고 있었다. 어찌나 심하게 싸웠던지 수천 년이 지난 오늘에도 어머니들은 자녀들이 서로 싸우는 것을 보면 이렇게 말하곤 한다.

"얘들아, 내 말 잘 들어. 너희들이 그렇게 싸우는 걸 보면 누구나 너희들을 프로이토스와 아크리시오스라고 생각할 거다."

어떤 사람들은 그들이 어머니 배 속에 있을 때부터 싸움을 시작했다고 말하기까지 했다. 그들은 배 속에서 심하게 싸워 가련한 어머니를 무척이나 괴롭혔다. 그들은 누가 먼저 이 세상에 나오느냐를 놓고 서로 싸웠던 것으로 보인다. 맏이가 장차 아버지의 왕위를 이어받을 것이기 때문이었다.

아이들은 자라나면서 더욱 심하게 싸움으로써 부모를 슬프게 했다. 마침내 죽을 날이 가까워졌다는 것을 안 아바스가 두 아들을 옆에 불러 놓고 말했다.

"너희들이 번갈아 가며 1년씩 이 나라를 다스리는 게 내 바람이며 뜻이다."

하지만 아바스는 누가 먼저 나라를 다스릴 것인가를 미처 말하지 못하고 숨을 거두고 말았다. 그래서 그의 시신이 무덤에 묻히자마자 무서운 싸움이 벌어지고 말았다.

결국 아크리시오스가 강제로 왕국을 차지했고 프로이토스는 머나먼 리키아로 도망칠 수밖에 없었다. 그런데 리키아의 왕은 프로이토스에게 피난처를 제공했을 뿐 아니라 자신의 딸 스테네보이아를 그와 결혼하게 했다.

얼마 뒤 리키아의 왕은 프로이토스가 아르고스의 왕위를 되찾는 일을 지원하겠다고 나섰다. 프로이토스는 리키아 군대를 이끌고 고향으로 돌아와서 아크리시오스에게 왕위를 내놓으라고 요구했다. 아크리시오스가 거절하자 피비린내 나는 싸움이 아르고스 성 밖에서 벌어졌다.

그러나 어느 쪽도 승리를 거두지 못했다. 그들은 결국 프로이토스가 이웃에 있는 나라인 티린스를 차지하고, 아크리시오스는 계속 아르고스를 다스리기로 마지못해 합의했다.

페르세우스

아크리시오스는 아가니페와 결혼했고 그녀와의 사이에서 예쁜 딸 다나에를 얻었다. 그러나 아크리시오스는 딸보다는 자신의 왕위를 이어받을 아들을 원하고 있었다. 그래서 그는 자기가 아들을 얻을 수 있을지를 알아보기 위해 델포이로 신탁을 받으러 갔다.

아폴론의 대답은 다음과 같았다.

"아바스의 아들 아크리시오스여, 내 말을 들어라. 너는 네 왕국을 물려줄 아들을 낳지는 못하겠지만, 대신 네 딸이 낳을 강력한 영웅이 왕국을 다스리게 되리라. 하지만 이것을 명심해라. 네 손자인 그 영웅에 의해 너는 죽음을 당하리라. 이것이 네 운명이다."

신탁을 들은 아크리시오스는 겁에 질렸다. 그의 머릿속에는 어떻게 하면 운명을 피할 수 있을까 하는 생각뿐이었다. 그는 자신의 끔찍한 운명을 피하기 위해서라면 무슨 일이라도 할 작정이었다. 그는 어떻게 하면 손자를 보지 않을까 늘 그 생각만 했다.

겁에 질린 아크리시오스는 지하 감옥을 만들고 무거운 청동 문을 달았다. 그리고 그 감옥에 자기 딸 다나에를 가두었다. 이렇게 하면 그녀는 절대로 결혼할 수 없고 따라서 자식도 낳지 못할 것이라고 생각했다.

황금빛 소나기

하지만 다나에는 매우 아름다웠다. 그녀를 본 제우스 신은 이미 그녀에게 반해 있었다. 아무리 튼튼한 감옥도 신들과 인간의 통치자인 제우스가 하려는 일을 막을 수는 없었다. 제우스는 황금빛 소나기가 되어 덧창이 달린 창문 틈을 통해 다나에가 갇혀 있는 어두운 감옥으로 들어갔다. 그로부터 아홉 달 뒤 다나에는 제우스의 아들을 낳았다. 그가 페르세우스였다.

며칠 뒤 아크리시오스는 딸이 갇혀 있는 감방 앞을 지나다가 아기의 울음소리를 들었다. 그는 잘못 들었을 것이라고 확신했지만, 그래도 청동 문을 열어 보았다. 그는 다나에가 아기를 안고 있는 것을 보고 깜짝 놀라서 그 자리에 얼어붙고 말았다.

겁에 질려 제정신을 잃다시피 한 그는 그 아기가 제우스의 아들일지도 모른다고는 조금도 생각할 수 없었다. 그는 즉시 미워하는 쌍둥이 형제 프로이토스를 의심했다. 의심은 곧 확신으로 변했고 프로이토스에 대한 그의 증오심은 더욱 커졌다.

아크리오스는 프로이토스에게 복수하고 이 위험한 손자가 그에게로 가는 것을 막기 위해 다나에와 아이를 죽이기로 했다. 그러나 마지막 순간에 그는 마음이 약해져서 그 계획을 보류했다. 대신 교활한 생각이 떠올랐다.
아크리시오스는 두 눈을 빛내면서 말했다.

"거품이 이는 파도가 그들을 삼키게 하라. 물고기들이 그들을 먹게 하라. 그들의 죽음은 프로이토스에게는 섭섭한 일이겠지만, 나는 전혀 섭섭할 게 없다. 그가 오랫동안 그렇게 애썼는데도 나를 죽이지 못했는데 이제 와서 그의 아들이 날 죽이도록 할 수는 없다!"

아크리오스는 더 지체하지 않고 계획을 실행에 옮겼다.

세리포스의 다나에와 페르세우스

그 일이 있은 뒤 '딕티스'라는 어부가 만(바다가 육지로 쑥 들어간 곳)을 끼고 아르고스와 마주 보고 있는 세리포스섬에서 그물을 끌어올렸다. 그물에는 커다란 나무 상자가 걸려 있었다.

호기심에 이끌린 그는 상자에 밧줄을 매고 있는 힘을 다해 물가로 끌어냈다. 아주 잘 만든 나무 상자였고 모서리는 청동으로 마무리되어 있었다. 딕티스는 보면 볼수록 호기심이 생겼다. 도대체 어디서 온 것일까? 이 안에는 무엇이 들어 있을까?

딕티스는 나무 상자를 열어 보기로 했다. 그러나 상자

를 열기란 쉬운 일이 아니었다. 상자가 아주 단단하게 봉해져 있었기 때문이다. 그러나 딕티스는 아주 끈질긴 사람이었다. 그가 구리 못을 하나하나 뽑아내자 마침내 상자의 뚜껑이 열렸다.

놀랍게도 상자 안에는 사람이 둘 들어 있었다. 파도에 시달려 약해져 있었지만 그들은 아직 살아 있었다. 젊은 여인과 아기였다. 그들은 말할 것도 없이 다나에와 페르세우스였다. 아크리시오스가 그들을 상자 안에 넣어 바다에 버렸던 것이다.

딕티스는 그들을 자기 집으로 데려갔다. 그는 다나에에게 따로 방을 주고 그녀가 아기를 키우는 데 필요한 모든 것을 마련해 주었다. 세리포스섬의 왕인 폴리덱테스는 친절한 어부 딕티스와 형제였지만 그와는 달리 동정심 없는 인물이었다. 폴리덱테스는 여자들을 증오했기 때문에 결코 결혼하지 않겠다고 공언한 바 있었다.

그러나 다나에를 보자마자 그녀의 아름다움에 눈이 멀어 아내로 삼고 싶어 했다. 다나에가 거절하자 그는 계속 그녀를 괴롭혔을 뿐 아니라 위협하기까지 했다. 그러나 이런 그의 행동은 오히려 역효과를 내고 말았다. 왕에 대한 다나에의 증오심이 더욱 커졌기 때문이다.

세월이 흘러 페르세우스는 이제 체격이 당당한 젊은이로 성장했다. 아무도 그와 용모나 지능, 힘과 겨룰 수 없었다.

폴리덱테스는 여전히 결혼하자고 다나에를 들볶아 대고 있었다. 그러나 이제 그에게는 다나에가 자기를 좋아하지 않는다는 것 외에 또 다른 장애물이 버티고 있었다. 페르세우스 또한 그와 다나에의 결혼을 반대했던 것이다.

페르세우스를 눈엣가시처럼 여긴 폴리덱테스는 마침내 그를 없애기로 마음먹었다. 그는 페르세우스를 없애 버리면 다나에는 보호자를 잃을 뿐 아니라 아들을 잃은 슬픔에 짓눌려 자신의 청혼을 더 이상 물리치지 못할 것이라고 생각했다. 그래서 그는 교활한 계획을 실천에 옮겼다.

폴리덱테스는 페르세우스를 비롯한 섬의 유지들을 궁전으로 부른 다음 이렇게 선언했다.

"나는 다나에와 결혼하지 않기로 결정했습니다. 대신

피사의 오이노마우스 왕의 딸 히포다메이아에게 청혼하기로 했습니다. 하지만 나는 조그만 섬나라의 왕에 불과하기 때문에 세력이 강한 피사의 왕 앞에 서면 초라한 존재로 보일 수 있습니다. 내가 그에게 깊은 인상을 주기 위해서는 선물을 많이 가지고 가는 수밖에 없다고 생각합니다. 그래서 여러분들에게 각기 말 한 필씩을 바치도록 요구합니다. 그 말들을 오이노마오스 왕에게 바칠 작정입니다."

그 자리에 모인 사람들은 왕의 뜻을 따르겠다고 했지만 페르세우스만은 그럴 수가 없었다.

그는 이렇게 말했다.

"저는 말도 없고 말을 살 돈도 없습니다. 저에게 왕께서 원하시는 다른 것을 가져오라고 명령하십시오. 제 어머니와 결혼하지 않으시겠다니 정말 기쁩니다. 원하신다면 메두사의 머리라도 갖다 바치겠습니다."

메두사는 무서운 고르곤 자매 가운데 하나로, 그 머리를 보는 사람은 돌로 변한다는 사실을 누구나 알고 있었다. 따라서 그 누구도 고르곤의 머리를 자를 수 없었다. 페르세우스가 한 말은 상대방에게 어떤 일이라도 기꺼이 해 줄 뜻이 있음을 나타내기 위해 흔히 과장해서 쓰는 말이었다.

 하지만 폴리덱테스는 그 말을 듣자마자 큰 소리로 외쳤다.

 "좋다! 그게 바로 내가 원하는 선물이었다. 가서 메두사의 머리를 가져오너라. 다시는 네 어머니를 괴롭히지 않을 테니 안심하고 갔다 오너라."

 페르세우스는 뜻밖의 대답에 깜짝 놀랐다. 그러나 그는 흔들리지 않았다. 차가운 시선으로 폴리덱테스를 바라보며 대꾸했다.

 "메두사의 머리를 갖다 바치겠습니다. 즉시 떠나겠습니다."

 페르세우스는 이 말을 남기고 당당하게 궁전에서 나왔다. 그러자 폴리덱테스는 입가에 빈정거리는 미소를 띤 채 사람들을 돌아보며 말했다.

 "이제 여러분들은 말을 바칠 필요가 없소. 모든 일이 계획대로 이루어졌으니까. 페르세우스는 내가 의도했던 대로 이곳을 떠나게 되었소. 이제 다나에는 혼자가 되었으니 난 그녀를 아내로 삼고야 말겠소."

사실 페르세우스가 한 약속은 불가능할 뿐 아니라 그것은 곧 죽음을 의미했다. 무시무시한 메두사를 보는 순간 그는 생명이 없는 돌로 변할 것이기 때문이었다.

고르곤 메두사

메두사는 두 자매와 함께 대양의 한 섬에서 살고 있었다. 그곳은 세상의 끝이었다. 이 세 자매는 무시무시한 괴물이었다. 그들은 커다란 검은 날개를 가졌으며 몸은 비늘로 덮여 있었다. 손가락에는 날카로운 손톱이 붙어 있었고 머리카락은 꿈틀거리는 독사들이었다. 그리고 혀와 두 개의 커다란 송곳니가 입 밖으로 삐죽 나와 있었다. 그들의 모습은 너무나 끔찍해서 누구라도 그들을 보는 순간 돌로 변해 버릴 수밖에 없었다. 이렇듯 무서운 괴물 가운데 하나의 목을 어떻게 자를 수 있단 말인가? 폴리덱테스는 페르세우스를 떠나보내면서 회심의 미소를 지었다.

하지만 페르세우스는 신들과 사람들을 다스리는 제우

스의 아들이었다. 제우스가 자기 아들이 그런 슬픈 운명을 당하게 그냥 내버려 둘 리가 없었다.

제우스는 아테나와 헤르메스를 보내 페르세우스를 돕도록 했다. 헤르메스가 페르세우스에게 메두사의 머리를 단번에 자를 수 있는 칼을 주었다. 단단한 다이아몬드로 만들어진 그 칼은 어찌나 날카로운지 강철까지 쪼갤 수 있었다. 아테나 여신은 그에게 거울처럼 윤을 낸 방패를 주었다.

아테나가 페르세우스에게 말했다.

"메두사의 얼굴을 직접 보아서는 안 되므로 방패에 비친 메두사의 모습을 보고 그의 머리를 잘라야 한다."

아테나는 페르세우스를 사모스섬으로 데리고 갔다. 거기에는 세 고르곤의 실물 상이 있었다.

아테나가 손가락으로 가리키며 말했다.

"이것이 메두사다. 실수로 다른 고르곤을 죽일까 봐 가르쳐 주는 것이다. 메두사의 다른 자매들은 불멸의 괴물이다. 그 자매들은 해칠 수 없을 뿐더러 그들을 공격하려다가는 목숨을 잃게 될 것이다. 메두사의 머리를 자르

려면 충분한 장비를 갖추어야 한다. 그러니 지옥의 세 요정을 찾아가라. 그러면 요정들은 필요한 물건들을 줄 것이다.

네가 어디서 그 요정들을 찾을 수 있을지는 나뿐만 아니라 그 누구도 알지 못한다. 헤스페리데스(헤라의 황금 사과를 지키는 요정들)의 땅에 사는 무서운 할멈인 세 명의 그라이아이만이 그곳을 알고 있다. 하지만 그들 또한 메두사의 자매들이기 때문에 네가 그라이아이를 이기기 전에는 요정들이 있는 곳을 말해 주지 않을 것이다."

마지막으로 아테나는 페르세우스에게 그라이아이를 찾으려면 어느 길로 가야 하는지를 가르쳐 주었다. 그리고 그들은 하나의 눈과 하나의 이빨을 같이 쓰고 있기 때문에 금방 알아볼 수 있을 것이라고 덧붙였다. 아테나의 도움에 힘을 얻은 페르세우스는 그라이아이를 찾아 나섰다.

끝이 없는 것같이 느껴지는 여행 끝에 페르세우스는 그라이아이를 발견했다. 그때 한 그라이아이가 눈을 빼서 자기 자매에게 넘겨주고 있었다. 그 짧은 순간에 그들은 모두 시력을 잃는다.

페르세우스는 바로 그 순간을 이용했다. 그는 그라이아이가 뻗친 주먹 바로 밑에 자기 손바닥을 내밀어 그라이아이의 눈을 받았다. 눈을 감싸쥔 페르세우스가 소리쳤다.

"여기 너희들의 눈이 있다. 어디로 가면 지옥의 요정들을 찾을 수 있는지 얘기해 주지 않으면 이 눈을 돌려주지 않겠다!"

이것은 그라이아이가 전혀 예상하지 못했던 일이었다. 당황한데다 겁에 질린 그들은 페르세우스를 잡으려고 허공을 더듬었다. 그들은 페르세우스에게 요정들이 있는 곳을 알려 줄 생각이 전혀 없었다. 왜냐하면 그 요정들은 날개 달린 신발과 하데스의 투구와 요술 자루를 가지고 있었기 때문이다. 그라이아이는 미래를 내다볼 수 있었기 때문에 이 물건을 얻는 사람이 자기네 자매인 메두사를 죽이게 되리라는 것을 알고 있었다.

자신들의 눈을 강제로 되찾을 수 없다는 것을 안 세 자매는 눈을 돌려달라고 간청하기 시작했다.

그러나 페르세우스는 이렇게 대답했다.

"어디가면 지옥의 요정들을 찾을 수 있는지 말해 줘. 그러지 않으면 너희들의 눈을 바다에 던져 버리겠어."

세 그라이아이가 합창하듯 울부짖었다.

"안 돼! 그러면 우린 끝장이야. 우릴 불쌍히 여기고 그 눈을 돌려줘. 그러면 네가 원하는 것을 도와줄게. 하지만 지옥의 요정들이 있는 곳만은 알려 달라고 하지 마."

페르세우스가 대답했다.

"내가 원하는 도움은 바로 그곳을 알려 주는 거야. 다른 도움은 필요없어. 어서 말해. 그러지 않으면 이 눈은 영영 찾지 못하게 될 거야."

그라이아이 셋은 자기들끼리 의논했다. 하지만 그들은 결심을 할 수 없었다. 그들은 다시 눈을 돌려 달라고 애걸했다.

페르세우스는 더욱 단호하게 외쳤다.

"지금 빨리 그 요정들이 있는 곳을 말해. 그러지 않으면 이 눈을 발뒤꿈치로 짓이겨 버릴 테야."

겁이 더럭 난 세 자매는 한목소리로 지옥의 요정들을

찾을 수 있는 곳을 가르쳐 주었다.

페르세우스가 외쳤다.

"진작 그럴 일이지! 자, 이제 눈을 가져가. 그리고 잘 있어."

페르세우스는 금방 지옥의 세 요정을 찾아냈다. 그가 해야 할 일을 이야기하자 그들은 기꺼이 하늘을 날 수 있는 날개 달린 신발과 그것을 쓰면 보이지 않게 해 줄 하데스의 투구와 그 안에 무엇을 넣어도 될 만큼 늘어나는 요술 자루를 내주었다.

세 요정이 페르세우스에게 말했다.

"요술 자루에다 메두사의 머리를 넣어야 해. 몸에서 떨어져 나온 뒤에도 그 머리는 그것을 보는 사람들을 돌로 변하게 할 수 있으니까."

세 요정은 페르세우스에게 행운을 비는 작별 인사를 했다.

메두사의 머리

귀중한 선물을 받아 든 페르세우스는 하늘로 솟구쳐

올라갔다. 날개 달린 신발이 그를 하늘로 훨훨 날아갈 수 있게 해 주었다. 머지않아 그는 고르곤이 사는 섬에 다다랐다.

페르세우스가 투구를 쓰자 그의 모습은 보이지 않게 되었다. 그는 공중에 높이 떠서 끔찍한 세 괴물을 구분할 수 있었다. 그들 주위와 섬 여기저기에 돌로 변한 사람들이 보였다. 그 석상들은 오랜 세월에 걸쳐 비를 맞아 닳아 있었다.

페르세우스는 이제 방패에 시선을 고정했다. 거울 같은 방패에 잠들어 있는 세 자매의 모습이 나타났다. 페르세우스는 매가 지상을 향해 내리꽂듯 날아 내려가서 즉시 메두사를 찾았다. 아테나는 이 어려운 순간에 그에게 용기를 주기 위해, 또 필요하면 그의 손을 이끌어 주기 위해 그의 옆을 지켜 주었다.

페르세우스는 거울을 자세히 들여다보면서 거리를 정확히 측정한 다음, 칼을 내리쳐서 흉측한 메두사의 머리를 댕강 잘라 냈다. 그러자 목이 잘린 자리에서 맨 먼저 날개 달린 말인 페가소스가 나왔고 다음에 거인 크리사오르가 나왔다. 이 둘은 포세이돈이 메두사 안에 넣어 둔 것으로, 영웅이 메두사의 목을 자를 때 비로소 세상에 나오도록 되어 있었다.

페르세우스는 피가 철철 흐르는 메두사의 머리를 재빨리 요술 자루에 넣어 가지고 공중으로 솟아올랐다.

그러는 동안 메두사의 시체는 상처 입은 뱀처럼 몸을 뒤틀다가 천천히 바위에서 미끄러져 그 밑의 바다로 떨어지고 말았다. 시체가 바다에 빠지자 그 소리에 잠들어 있던 메두사의 두 자매가 깨어났다.

메두사가 죽었다는 것을 안 그들은 즉시 그녀를 죽인 사람을 찾았다. 그들은 먼저 육지를 살펴본 다음 커다란 날개를 펴고 하늘로 날아올랐다.

그러나 페르세우스는 전혀 보이지 않았다. 두 고르곤은 실망한 채 빈손으로 땅에 내려올 수밖에 없었다.

아틀라스와 함께

순조롭게 하늘을 날아가던 페르세우스의 눈에 놀라운 광경이 들어왔다. 엄청나게 큰 거인이 양어깨로 하늘을 떠받치고 있었던 것이다. 그 거인은 아틀라스였다.

제우스는 아틀라스에게 영원히 엄청난 무게의 하늘을 떠받치고 있도록 벌을 내렸다. 그 까닭은 제우스가 티탄족의 전쟁이라고 알려진 지구를 뒤흔드는 싸움이 벌어졌을 때 그가 신들에 대항해서 싸웠기 때문이다. 아틀라스의 엄청난 힘에 감탄한 페르세우스는 땅으로 내려가서 그의 발쪽으로 걸어갔다. 세상에서 가장 힘이 센 거인을 직접 만나 보고 싶었던 것이다.

그러나 아틀라스는 페르세우스를 별로 반가워하지 않았다. 그는 어느 날 제우스의 아들이 이곳으로 와서 근처에 있는 헤스페리데스의 정원에서 황금 사과를 훔칠 것이라는 예언을 이미 알고 있었기 때문이다.

그 정원은 라돈이라는 무서운 용이 지키고 있었지만, 그래도 아틀라스는 그 사과들이 도둑맞지 않을까 걱정되었다.

그래서 아틀라스는 의심쩍은 눈으로 페르세우스를 바라보며 한 번도 사람이 발을 들여놓은 적이 없는 이곳에 무슨 일로 왔느냐고 물었다.

"나는 제우스의 아들 페르세우스다. 나는 이곳에……."

'제우스 아들'이라는 말을 듣는 순간 황금 사과를 떠올린 아틀라스는 그의 말을 가로채며 으르렁거렸다.

"도둑놈! 넌 우리의 귀중한 보물을 훔치러 왔구나! 어서 내 앞에서 꺼져! 그러지 않으면 라돈을 불러 네놈을 죽여 버리게 하고 말겠어."

페르세우스가 대답했다.

"난 도둑이 아니오. 당신에게서 무얼 빼앗으려고 온 게 아니오. 나는 고르곤 메두사를 죽이러 왔다가 이곳을 지나가는 길이었소. 보시오! 여기 이 자루 안에 메두사의 머리가 들어 있소."

아틀라스가 대꾸했다.

"네놈은 도둑에다가 거짓말쟁이구나. 자루 안에 메두사의 머리가 들어 있다구? 말도 안 되는 소리! 네가 어떻게 그 머리를 잘랐단 말이냐?"

아틀라스, 산이 되다

페르세우스가 말했다.

"하지만 그건 사실이오. 자, 보시오!"

페르세우스는 이렇게 말하면서 무서운 메두사의 머리를 꺼내 거인에게 보여 주었다. 순간 무서운 변화가 일어났다. 메두사의 머리를 본 아틀라스가 돌로 변해 버렸던 것이다.

아틀라스의 몸은 높이 솟은 바위산이 되었고 그의 머리털과 수염은 숲으로 변했으며 그의 머리는 바위산의 가장 높은 봉우리가 되었다. 그리고 봉우리 위에는 그때부터 항상 둥근 하늘이 걸려 있었다. 오늘날까지도 이 산은 '아틀라스'라고 불리고 있다.

그 광경을 본 페르세우스 역시 놀라서 하마터면 돌이 될 뻔했다. 생명이 없는 머리가 거인처럼 힘센 존재를 돌로 변하게 하리라고는 생각조차 못 했었다. 더구나 아틀라스는 불멸의 존재가 아니었던가? 페르세우스는 슬퍼하면서 메두사의 머리를 다시 요술 자루에 넣고 그곳을 떠났다.

여기서 우리는 이런 의문을 갖게 된다. 페르세우스가 아틀라스를 산으로 변하게 했다면, 어떻게 그 뒤에 헤라클레스가 아직도 하늘을 양어깨로 떠받치고 있는 그를 만날 수 있었을까?

하지만 우리는 신화가 어느 한 사람의 작품이 아니며 또 어느 한 시대, 어느 한 장소에서 생겨난 게 아니라는 점을 명심해야 한다.

그리스 신화에는 서로 맞지 않는 이야기들이 종종 있다. 그중에서도 가장 두드러지는 것이 바로 아틀라스와 관련된 이야기이다.

그러나 옛날 사람들이나 오늘날의 우리들이나 그런 모순에 구애받지 않고 그리스 신화를 좋아했고 또 좋아하고 있다. 단순한 논리 때문에 경이로운 이야기를 잃고 싶지 않은 것이 인간 모두의 마음이기 때문이다.

다시 이야기로 돌아가자.

안드로메다

계속 하늘을 날아가던 페르세우스는 마침내 에티오피아 해안에 도착했다. 하늘에서 내려다보는 그의 눈에 문득 검은 바위들과 대조를 이루는 하얀 점이 들어왔다. 그는 호기심을 느끼고 밑으로 내려갔다.

가까이 다가간 페르세우스가 감탄하면서 외쳤다.

"참 멋진 석상이군! 어떤 위대한 조각가가 이런 석상을 만들었을까?"

그러나 더욱 가까이 다가간 페르세우스는 석상의 머리가 바람에 나부끼는 것을 보았다. 그것은 석상이 아니라 살아 있는 여자였다. 그 여자는 바위에 쇠사슬로 묶인 채 흐느껴 울고 있었다.

땅으로 내려간 페르세우스는 여자에게로 다가갔다. 그는 그녀의 이름과 왜 그렇게 묶여 있게 되었는가를 물었다. 불행한 여인은 여전히 흐느끼면서 그에게 슬픈 사연을 털어놓았다.

"내 이름은 안드로메다예요. 나는 이 땅의 통치자인 케페우스 왕의 딸이랍니다. 그런데 내가 저지르지도 않은 죄로 여기 이렇게 묶여 있는 거랍니다. 죄를 지은 사람은 우리 어머니 카시오페이아예요.

어머니는 감히 자신의 아름다움을 네레우스의 딸들인 네레이스들의 아름다움과 비교했지요. 어머니는 자신이 네레이스들보다 더 아름답다고 주장하면서 말다툼까지 했어요. 심하게 모욕감을 느낀 네레이스들은 좀처럼 화를 내지 않는 아버지 네레우스에게 불평하지 않고 모든 바다를 지배하는 강력한 신인 포세이돈에게 했지요.

포세이돈은 우리를 벌주기 위해서 엄청난 홍수를 우리 땅에 보냈지요. 홍수가 잦아들자 그는 또 바다 괴물을 보내 우리 땅을 약탈하게 했답니다. 백성들은 절망에 빠졌지요. 우리 나라에 끝없이 재난이 닥치자 아버지는 어떻게 해야 할지 알아보려고 신탁을 받았지요. 그 결과 아버지는 우리 땅에 내리는 재앙은 바다 괴물이 왕의 딸을 잡아먹은 뒤에야 그칠 것임을 알게 되었습니다.

이것은 어머니에게 가장 무서운 벌이었지요. 어머니는 자기 생명보다 더 날 사랑하시기 때문입니다. 하지만 부모님은 차마 나를 괴물에게 넘겨줄 수는 없었지요. 하지만 백성들은 고통을 더 견딜 수 없었습니다. 그들은 아버지가 반기를 들고 나를 자신들에게 넘겨 주도록 했지요. 나를 넘겨받은 그들은 나를 이렇게 바위에 묶어 놓았습니다. 나는 여기서 그 괴물이 나를 죽일 때를 기다리고 있는 거지요."

페르세우스, 안드로메다를 구하다

안드로메다의 이야기를 들은 페르세우스는 눈물이 나오는 것을 겨우 참았다. 그는 벌써 이 아름다운 여인에게 사랑을 느끼고 있었고 어떻게든 그녀를 구해서 청혼하고 싶은 생각뿐이었다.

페르세우스가 자신의 뜻을 어떻게 안드로메다에게 전하나 망설이고 있었다. 그때 그녀가 다시 말을 이었다.

"날 좀 구해 주세요. 원하신다면 날 당신의 노예로 삼으셔도 돼요. 나를 데려가고 싶지 않다면 그냥 구해 주기만 하세요. 그러면 나는 영원히 당신에게 감사하겠어요. 하지만 내가 무슨 얘기를 하고 있는 거지요? 나는 지금 불가능한 일을 당신에게 부탁하고 있군요. 당신이 나를 여기서 풀어 준다면 괴물이 다시 우리 나라를 약탈할 거예요."

안드로메다는 다시 흐느끼기 시작했다.

페르세우스가 말했다.

"가엾은 아가씨, 울지 말아요. 나는 제우스의 아들 페르세우스요. 내가 그 괴물을 죽이고 당신을 풀어 주겠소."

안드로메다의 얼굴이 희망으로 밝아졌다. 바로 그때 안

드로메다의 부모가 그곳에 도착했다. 페르세우스의 말을 들은 그들은 그의 발 밑에 몸을 내던지며 간청했다.

"낯선 젊은이, 제발 우리 딸을 구해 주시구려. 대신 무슨 청을 해도 들어주겠소. 우리가 가진 것을 모두 가지시오. 우리 왕국 모두를 달라고 해도 기꺼이 드리겠소."

페르세우스가 대답했다.

"저는 그런 것을 바라지 않습니다. 제가 바라는 것은 다만 안드로메다와 결혼하는 것입니다."

그러자 케페우스와 카시오페이아는 기뻐서 어쩔 줄을 모르며 페르세우스가 무서운 괴물을 죽이면 안드로메다와의 결혼을 승낙하겠다고 아프로디테 여신에게 맹세했다.

바로 그 순간 바다가 요동치기 시작했다. 거품 속에서 길고 검은 혹이 솟아올랐다가 바닷속으로 들어가더니 다시 솟아올랐다. 엄청나게 길고 무시무시한 바다 용이 수면 위로 모습을 드러냈다.

그 괴물을 본 안드로메다는 찢어지는 듯한 비명을 질렀고 케페우스와 카시오페이아는 공포에 질려 서로를 부둥

켜안았다. 잠시도 망설일 틈이 없었다. 괴물이 물에 긴 고랑을 만들며 다가오고 있었기 때문이다.

안드로메다와 그녀의 부모는 두려워하며 바라보기만 했지만 페르세우스는 하늘로 솟구쳐 올라갔다. 그가 하데스의 투구를 머리에 눌러쓰자 그는 보이지 않게 되었다. 그가 감쪽같이 사라지자 밑에서 지켜보던 사람들은 더욱 놀라움을 감추지 못했다.

페르세우스는 다이아몬드로 된 칼로 괴물의 목을 찔렀다. 그러나 괴물의 가죽이 너무 두껍고 단단해서 가벼운 상처만 입혔을 뿐이었다. 상처를 입은 괴물은 미친 듯이 몸을 뒤틀었다. 엄청나게 큰 괴물이 몸을 뒤틀며 나대자 산 같은 파도가 일어났다. 그래서 페르세우스는 두 번째 공격을 할 수 없었다.

바다 용은 미친 듯이 페르세우스를 찾았지만 아무것도 보이지 않았다. 그러나 거품 이는 파도에 생긴 페르세우스의 그림자가 괴물에게 보였다. 괴물은 그 그림자를 향해 사납게 돌진했다. 이것은 페르세우스가 기다리던 기회였다. 그는 손잡이까지 파고들도록 칼을 괴물의 머리에

깊이 찔렀다. 그러자 괴물은 축 늘어지더니 배를 위로 드러낸 채 수면에 떠서 물결을 따라 오르락내리락했다.

바다 용의 시체 위에 내려앉은 페르세우스는 투구를 벗고 자신의 모습을 드러냈다. 바다 용의 시체 위에 서 있는 그를 본 안드로메다와 그녀의 부모는 기쁨의 눈물을 흘렸다. 바다 용이 완전히 죽은 것을 확인한 페르세우스는 안드로메다에게로 날아가서 얼른 그녀의 쇠사슬을 풀어 주었다. 그러고는 그녀를 두 팔로 조심스레 안아서 그녀의 부모가 있는 마른 땅에 내려놓았다. 케페우스와 카시오페이아는 딸을 얼싸안고 몇 번이고 입을 맞추었다.

피네우스

바로 그 이튿날 성대한 결혼식이 거행되었다. 궁전의 큰 홀에는 모든 영주들이 다 모였다. 곧 신처럼 아름다운 한 음유시인이 리라를 뜯으며 노래를 부르기 시작했다. 결혼식이 시작된 것이다. 그런데 갑자기 시인이 노래를 그쳤다.

모든 사람이 놀라서 숨을 죽였다. 식장의 문이 벌컥 열리면서 왕의 동생인 피네우스가 군대를 이끌고 안으로 들이닥쳤다.

피네우스가 소리쳤다.

"이게 무슨 짓입니까, 형님? 안드로메다는 내 아내가 될 것이라고 약속하지 않았습니까? 그런데 어떻게 그 애를 낯선 사람과 결혼시킨다는 말입니까!"

페르세우스가 대들었다.

"내가 안드로메다의 목숨을 구했는데 나를 낯선 사람이라고 하다니 말이 됩니까? 더욱이 그녀의 부모님께서 안드로메다를 나와 결혼시키겠다고 맹세하셨단 말입니다."

피네우스가 으르렁거렸다.

"뭐라구? 그럼 두 분은 나에게 한 약속을 헌신짝처럼 내던져 버렸단 말입니까?"

케페우스와 카시오페이아는 아무 말도 못 하고 그 자리에 서 있었다.

현명한 늙은 귀족이 말했다.

"여러분, 내 말을 들어 보십시오. 안드로메다가 아직 살아 있는 것은 페르세우스가 목숨을 걸고 그녀를 구해 주었기 때문이오. 그런데 이제 피네우스가 자기 권리를 주장하고 있습니다. 피네우스, 권리는 무슨 권리입니까? 안드로메다가 바위에 묶여 있을 때 당신은 어디 있었습니까? 왜 괴물을 죽이러 가지 않았습니까? 당신은 곤경에 빠진 그녀를 위로할 생각도 하지 않고 이곳을 떠나지 않았습니까?

그렇다면 약속을 어긴 사람은 누구입니까? 안드로메다의 부모입니까, 당신입니까? 당신은 비겁하게 약속을 어긴 것입니다. 그런 터에 무슨 권리로 여기 나타나서 강제로 신부를 빼앗으려고 한단 말입니까? 안드로메다는 페르세우스의 아내입니다. 만약 여러분들 가운데 내 말에 동의하지 않는 분이 계시다면 아주 간단한 해결책이 있습니다. 그것은 안드로메다에게 어느 쪽을 택하겠는지 물어보는 것입니다."

페르세우스가 소리쳤다.

"네, 좋습니다. 물어봅시다!"

안드로메다의 부모도 소리쳤다.

"물어봅시다!"

그러자 안드로메다가 말했다.

"아버지, 제 사랑은 제 목숨을 구해 준 분의 것입니다. 그분 외에 누구를 남편으로 택하겠습니까?"

피네우스가 고함을 질렀다.

"절대로 안 될 말!"

그는 이 말과 함께 창으로 페르세우스를 찌르려고 했다.

페르세우스는 그것을 이미 예상하고 있었으므로 한쪽으로 펄쩍 뛰어 창을 피해 목숨을 구할 수 있었다. 그러나 창이 음유시인의 가슴을 꿰뚫고 말았다. 그가 쓰러지면서 리라의 줄이 끊어졌고 그 바람에 리라는 마지막으로 구슬픈 소리를 내고는 젊은 주인과 함께 생명을 잃고 말았다.

페르세우스도 자신을 방어하기 위해 칼을 빼 들었다. 손님들 가운데서도 용감한 젊은이들이 그의 편에 섰다. 피네우스가 데리고 온 전사들은 하나씩 하나씩 쓰러졌다.

그러나 피네우스는 많은 군대를 거느리고 있었다. 군대의 공격으로 페르세우스의 지지자들이 한 사람씩 쓰러지면서 싸움은 일방적이 되고 말았다. 아테나 여신은 자기가 아끼는 영웅이 곤경에 빠진 것을 알고 그를 도우러 왔다. 아테나는 자신의 방패로 페르세우스의 몸을 가려 주었다. 창과 화살들이 비 오듯 그의 주위에 떨어졌다. 곧 페르세우스 편은 한 사람도 남지 않게 되었다. 용감한 제우스의 아들은 혼자 싸움을 계속했다. 그는 기둥에 등을 대고 희망이 없는 싸움을 계속했다.

모두 돌로 변하다

페르세우스가 갑자기 소리쳤다.

"내 편인 사람들은 잠깐 고개를 돌리시오!"

이 말과 함께 그는 요술 자루에서 메두사의 머리를 꺼내 적들 앞에 치켜들었다. 그 순간 피네우스의 전사들은 모두 석상으로 변해 버렸다. 어떤 사람은 창을 던지려는 자세로 돌이 되었고 또 어떤 사람은 칼을 치켜든 채 돌이 되어 버렸다.

피네우스 한 사람만 남아 있었다. 돌로 변한 군사를 보고 겁에 질린 그는 페르세우스 앞에 무릎을 꿇고 자비를 구걸했다.

하지만 페르세우스는 곧 메두사의 머리를 내밀어 그 역시 돌로 변하게 했다. 그래서 피네우스는 전사로서는 가장 수치스러운, 무릎을 꿇고 목숨을 구걸하는 자세로 굳어 버렸다.

영웅의 귀환

페르세우스는 안드로메다를 아내로 삼았다. 하지만 그는 케페우스의 궁궐에 오래 머물 수 없었다. 하루라도 빨리 그리스로 돌아가야 했기 때문이다. 안드로메다는 두 눈에 눈물을 글썽이며 부모에게 작별 인사를 하고 남편을 따라 여행길에 나섰다.

세리포스에 도착한 페르세우스는 먼저 어부 딕티스의 집에 들러 어머니의 행방을 수소문하기로 했다. 그는 문을 열고 안으로 들어갔다.

딕티스가 페르세우스를 보고 소리쳤다.

"믿을 수가 없군!"

그는 무릎을 꿇고 페르세우스의 손에 입을 맞추었다.

페르세우스가 말했다.

"내가 메두사의 머리를 가지고 왔다고 하면 더 믿지 못하시겠지요? 그것보다 먼저 말씀해 주십시오. 우리 어머니는 어떻게 지내고 계시지요?"

딕티스가 대답했다.

"폴리덱테스의 감옥에 갇혀 계신다네."

페르세우스는 서둘러 사악한 왕을 찾아 나섰다. 그는 궁궐 옆 테라스에 있는 폴리덱테스를 찾아냈다. 그는 몇 명의 친구와 함께 먹고 마시며 시끄럽게 떠들고 있었다.

페르세우스가 나타나자 그들은 모두 놀라 자리에서 일어났다. 그들 가운데 페르세우스의 얼굴을 다시 볼 것이라고 생각했던 사람은 한 명도 없었다. 폴리덱테스는 특히 페르세우스가 죽었을 것이라고 확신하고 있었다.

그가 소리쳤다.

"네가 어떻게 감히 이곳에 다시 나타났느냐? 나는 너에게 메두사의 머리를 가져오라고 했거늘."

"그걸 가져왔소!"

폴리덱테스의 얼굴에 조롱 섞인 웃음이 비쳤다. 그의 친구들 또한 모두 페르세우스를 비웃었다.

"저게 무슨 소리지? 메두사의 머리를 가져왔다는군. 그게 정말일까?"

그들은 허리를 잡고 웃으며 페르세우스에게 손가락질하며 조롱했다.

그러자 페르세우스가 한 손을 요술 자루 속에 넣어 그 무서운 메두사의 머리를 꺼냈다. 그러고는 소리쳤다.

"자, 여기 그 머리가 있소. 말을 믿지 않아서 할 수 없이 내보이는 거요."

순식간에 그들은 모두 돌로 변해 버렸다. 얼굴에 조롱 섞인 웃음을 띤 채 그들은 굳어 버렸다. 그래서 이 땅은 굳어 버린 석상들로 가득 차게 되었다.

사람들은, 오늘날 세리포스에 있는 사람 키만한 숱한 바위들은 이 석상들이 오랜 세월 동안 비바람에 깎이고 부서진 것이라고 말한다.

피네우스와 그의 전사들에 대해서는 한층 더 인상적인 전설이 전해지고 있다. 팔레스타인의 도시 조파에는 똑바로 선 키가 큰 바위들이 유난히 많은데, 그곳 사람들은 그 바위들이 피네우스와 그의 군사들이 돌로 변한 것이라고 말한다.

    로마 황제 마르쿠스 아우렐리우스는 그 바위들 가운데 사람과 가장 비슷한 것 몇 개를 가져다가 로마 거리에 세워 놓고 페르세우스의 영웅적 행동을 기억하는 기념물로 삼았다고 전해진다.

    다시 우리의 이야기로 돌아가자.

    어머니를 감옥에서 석방시킨 페르세우스는 딕티스를 세리포스의 왕으로 세웠다. 그리고 다나에, 안드로메다와 함께 아르고스로 돌아갔다.

    페르세우스가 아르고스에 돌아왔을 때 그의 할아버지 아크리시오스는 그곳에 없었다. 신탁의 말이 사실로 판명될 것을 두려워한 그는 왕위를 포기하고 테살리아의 라리사로 도망쳤던 것이다. 그가 떠남으로써 페르세우스가 아르고스의 왕이 되었다.

예언이 실현되다

    얼마 뒤 대규모 운동경기가 라리사에서 벌어져 그리스 곳곳에서 운동선수들이 모여들었다. 페르세우스도 원반

던지기 시합에 참가했다.

그러나 페르세우스가 원반을 너무 세게 던졌기 때문에 원반이 운동장 밖으로 날아가서 지나가던 사람의 머리에 맞아 그가 목숨을 잃고 말았다. 그 행인이 바로 아크리시오스였다. 이렇게 해서 아크리시오스가 손자의 손에 죽으리라는 신탁의 말이 실현되었다.

페르세우스는 슬픔과 부끄러움을 안고 아르고스로 돌아갔다. 그런 일이 있고 난 뒤, 그는 더 이상 할아버지의 왕위에 앉아 있고 싶지 않았다. 비록 사고로 그렇게 된 것이었지만 할아버지를 죽였다는 사실이 마음에 걸렸기 때문이다.

그 무렵 이웃 나라인 티린스에서는 프로이토스의 왕위를 그의 아들 메가펜테스가 이어받았다. 아크리시오스와 프로이토스는 사이가 무척 나빴지만, 그 후계자들은 사이가 좋았다. 곧 메가펜테스가 아르고스의 왕위를 차지하고 페르세우스가 티린스를 다스리기로 합의가 이루어졌다.

하지만 페르세우스는 신화 시대의 모든 도시 가운데 가장 부유하고 화려하며 강력한 도시인 미케네의 창설자요,

첫 번째 통치자로 알려져 있다. 티린스에서 멀지 않은 곳에 좋은 터가 있는 것을 발견한 그는 그곳에 요새를 쌓고 수도를 그곳으로 옮겼다.

페르세우스는 미케네를 건설할 때 키클로프스(외눈박이 거인족)들의 도움을 많이 받았다. 이 외눈박이 거인들만이 미케네의 요새 성벽을 이루는 큰 돌을 들어올릴 수 있었다고 전해진다. 그래서 그 성벽은 오늘날까지도 '키클로프스의 성벽'이라고 알려져 있다.

페르세우스와 안드로메다는 여러 해를 살았고 일곱 자녀를 두었다. 그들의 첫째 아이인 페르세스는 페르시아인의 첫 번째 왕이 되었다. 둘째 아들 엘렉트리온은 미케네의 왕이 되었으며 엘렉트리온의 딸 알크메네는 그리스 신화에 나오는 영웅들 가운데서 가장 위대한 영웅인 헤라클레스를 낳았다.

우리가 보았듯이 이 모든 왕과 영웅들 그리고 왕조의 창시자들은 아르고스의 창설자이며 첫 번째 왕이었던 강의 신 이나코스의 후손들이다.

그들의 족보를 순서대로 정리해 보면 다음과 같다. 맨

처음이 이나코스이고 다음이 이오, 그다음이 에파포스, 그 뒤를 리비아, 벨로스, 다나오스, 히페름네스트라, 아바스, 아크리시오스, 다나에가 이었다. 다나에의 아들은 영웅 페르세우스다. 페르세우스의 다음은 엘렉트리온과 알크메네이고 맨 마지막이 제우스의 힘센 아들 헤라클레스다.

이렇게 해서 헤라클레스는 이나코스의 13대 후손이 된다.

하늘로 올라가다

페르세우스와 안드로메다는 미케네를 평화롭게 다스렸다. 그들은 죽은 뒤 하데스의 어두운 동굴로 가지 않고 제우스 신의 뜻에 따라 하늘로 올라갔다.

맑은 날 밤, 우리는 페르세우스 별자리를 쉽게 찾을 수 있다. 그 옆에 안드로메다가 있고 약간 떨어져서 케페우스와 카시오페이아가 있다.

안드로메다는 결혼한 뒤에 한 번도 부모를 본 적이 없어 매우 안타까워했다. 그래서 그녀가 죽은 뒤 땅과 하늘의 위대한 통치자인 제우스가 케페우스와 카시오페이아를 데려다가 그들의 딸 옆에 있게 한 것이다.

벨레로폰과 페가소스

시시포스

벨레로폰은 코린토스의 가장 위대한 영웅이었다. 그가 날개 달린 말을 타고 하늘을 가로지르며 한 용감한 행동은 오랜 세월에 걸쳐 사람들을 감동시켰다.

하지만 그의 이야기에 앞서 그의 할아버지 시시포스 이야기를 먼저 하는 게 순서일 것이다. 시시포스의 이름은 사람들의 머릿속에 깊이 박혀 있는데, 그가 세상에서 가장 교활한 사람이었다는 이유 때문이다.

아이올로스의 아들 시시포스는 코린토스의 창설자이

자 첫 번째 왕이었다. 그는 무척 교활했지만 천성이 나쁜 사람은 아니었다. 그러나 그는 죽은 뒤에 가혹한 벌을 받았다. 그가 교활한 속임수로 신들을 속였기 때문이었다.

시시포스가 코린토스를 건설하기로 마음먹었을 때, 그는 지협(두 대륙을 연결하는, 잘록하고 좁다란 땅) 부근의 터에 눈독을 들였다. 그곳에 도시를 건설하면 두 개의 항구를 가질 수 있었다.

코린토스만에 하나, 에게해로 나갈 수 있는 사로니코스 만에 또 하나를 말이다. 또한 그 근처에는 높은 언덕이 있어서 전쟁 때 주민들이 피할 수 있는 요새를 건설할 수 있었다.

그러나 그곳에는 물이 없었다. 그래서 시시포스는 강의 신 아소포스에게 샘을 하나 달라고 간청했다.

아소포스가 물었다.

"내가 샘을 주면 너는 나에게 무엇을 주겠는가?"

시시포스가 대답했다.

"나는 당신에게 줄 게 아무것도 없습니다. 하지만 누가 압니까? 언젠가 당신이 나를 필요로 하게 될 날이 올지도 모릅니다. 그때 나는 당신의 친구로서 당신을 돕겠습니다."

시시포스의 대답에 만족한 아소포스는 지팡이로 바위를 때렸다. 그러자 즉시 언덕 밑에서 맑은 물이 콸콸 솟아나왔다. 이렇게 해서 코린토스가 건설되었고 언덕 위에 도시의 요새인 아크로코린토스가 건설되었다.

얼마 뒤 제우스가 아소포스의 딸 아이기나의 손을 잡고 그곳을 지나게 되었다. 신과 인간의 통치자인 제우스는 그보다 몇 시간 전에 아이기나를 그녀의 아버지에게서 몰래 데리고 온 참이었다. 시시포스는 그들의 환심을 사기 위해 따뜻하게 환영했고 제우스와 아이기나는 그의 궁전에서 밤을 지냈다.

그러나 이튿날 아침 그들이 떠나자마자 아소포스가 들이닥치더니 미친 듯이 자기 딸을 찾았다. 그는 시시포스에게 자기 딸을 보았는지, 또 누가 그 애를 데리고 갔는지 물었다.

시시포스는 입장이 난처해졌다. 사실 그는 아소포스에게 빚을 지고 있었다. 그가 샘을 주었기 때문에 코린토스를 건설할 수 있었던 것이다.

하지만 전능한 제우스의 계획을 방해할 수도 없는 노릇이었다. 시시포스는 이러지도 저러지도 못 할 형편이었다. 시시포스는 곰곰이 생각한 끝에 결국 아소포스를 돕기로 하고 그에게 제우스가 아이기나를 데리고 도망쳤다고 얘기해 주었다.

아소포스가 신기해하며 물었다.

"그런데 자넨 제우스의 분노가 두렵지 않은가?"

시시포스가 자신 있게 대답했다.

"걱정 마십시오. 제게 생각이 있습니다."

한편 그 사실을 알게 된 제우스는 화가 나서 어쩔 줄을 몰랐다.

제우스가 으르렁거렸다.

"배반자, 어디 혼 좀 나 봐라."

그는 즉시 카론에게 시시포스의 영혼을 하데스의 어두운 동굴로 데려가라고 지시했다.

그러나 교활한 시시포스는 이미 자신의 운명이 어떻게 되리라는 것을 짐작하고 카론이 빠질 함정을 만들어 놓고 그를 기다렸다. 그는 자기 등 뒤에 로프를 감추고 카론을 기다렸다.

머지않아 무시무시한 저승사자 카론이 나타났다. 하지만 시시포스는 겁먹지 않았다. 그는 느닷없이 카론을 덮쳐 그의 손발을 묶어 버렸다.

세월이 흘렀다. 제우스는 이미 오래전에 시시포스가 자신이 내리는 벌을 받았을 것이라고 생각했다.

어느 날 저승의 왕인 하데스가 올림포스에 왔다.

하데스가 걱정스러운 표정으로 물었다.

"시시포스를 어떻게 하실 작정입니까?"

제우스가 말했다.

"난 살아 있는 자들만 다루지 죽은 자들은 다루지 않네."

하데스가 되받았다.

"바로 그래서 하는 말입니다. 시시포스는 살아 있습니다. 잘 살고 있지요. 그는 우리 모두를 조롱하고 있어요!"

제우스가 짜증을 내며 말했다.

"자네 무슨 말을 하는 건가?"

하데스가 말했다.

"그뿐만이 아닙니다. 그자는 카론을 잡아 두고 있어요. 그래서 그때 이후로 세상에서는 한 사람도 죽은 자가 없답니다. 아무도 내 왕국으로 오지 않는단 말입니다."

그 말을 듣고 화가 머리끝까지 난 제우스는 즉시 전쟁의 신 아레스를 불렀다.

"시시포스의 궁전으로 가라. 거기 가면 카론이 쇠사슬에 묶여 있을 것이다. 카론을 풀어 주고 그가 시시포스를 하데스 왕국으로 데려가도록 도와주어라."

아레스가 대답했다.

"카론을 풀어 주라는 말씀은 알겠습니다. 하지만 그의 일을 도와주라니 무슨 말씀입니까? 언제 카론이 도움을 필요로 한 적이 있습니까?"

제우스가 그의 말을 가로챘다.

"그렇다. 이번만은 그가 도움을 필요로 한다. 가서 내가 시키는 대로 해라."

카론과 아레스를 동시에 상대할 힘이 없었던 가련한 시시포스는 곧 하데스의 어두운 동굴에 갇히게 되었다.

그러나 시시포스는 이렇게 되리라는 것을 미리 알고 있

었으므로 아내에게 자신이 죽더라도 하데스에게 장례 제물을 바치지 말라고 미리 말해 두었다.

하데스는 자기에게 으레 바치는 제물을 기다렸지만 제물이 좀처럼 오지 않았다. 그때 시시포스가 그 앞에 나타나서 말했다.

"하데스여, 제 아내가 당신에게 제물을 바치지 않아서 매우 유감스럽게 생각합니다. 저를 다시 세상으로 올라가게 해 주십시오. 제가 가서 아내를 벌주고 그녀로 하여금 당신에게 제물을 바치도록 하겠습니다. 그런 다음 저는 즉시 이곳으로 돌아오겠습니다."

하데스는 시시포스의 말에 속아서 그를 다시 세상으로 보내 주었다. 그러나 시시포스는 아내를 벌주기는커녕 그녀의 품에 안겨 행복하게 오래 살았다.

그러나 사람은 누구나 죽게 마련이다. 시시포스의 차례가 왔을 때 신들이 그에게 복수했다.

시시포스의 고역

하데스가 제우스에게 말했다.

"이제 그놈은 신들을 속인 대가가 어떤 것인지 알게 될 것입니다."

하데스는 지하 세계로 돌아온 시시포스에게 자기보다 큰 바위를 산꼭대기로 밀어 올리는 벌을 내렸다. 시시포스가 땀을 뻘뻘 흘리며 무거운 바위를 밀고 깎아지른 듯한 비탈을 올라가면, 정상에 다다르기 직전에 바위는 항상 그의 손아귀에서 벗어나서 아래 계곡으로 굴러 내려간다. 그러면 그는 다시 헐떡이며 그 바위를 쫓아 내려가서 양손과 어깨, 무릎을 써 가며 큰 바위를 밀고 다시 비탈을 올라간다.

가엾은 시시포스! 그가 언제 그 커다란 바위를 산꼭대기까지 밀고 올라가서 고통스러운 작업을 끝낼 수 있을 것인가? 마지막 순간에 바위는 항상 그의 손아귀에서 벗어나서 다시 언덕 아래로 굴러떨어진다.

시시포스의 벌은 그가 죽은 뒤로 계속되어 왔고 앞으로도 영원히 끝나지 않을 것이다. 이것이 아이올로스의 아들에게 내려진 가혹한 벌이다. 시시포스가 이런 벌을 받은 것은 사람들에게 해를 끼쳤기 때문이 아니라 신들을 속였기 때문이다.

벨레로폰

시시포스가 죽자 그의 아들 글라우코스가 코린토스의 왕이 되었다. 글라우코스의 아들이 영웅 벨레로폰이다.

벨레로폰의 원래 이름은 히포노우스였다. 그러나 그 이름은 그가 젊은 나이에 코린토스에서 공포의 대상이었던 악명 높은 산적 벨레로스를 죽였을 때 잊혔다. 그가 이 공을 세운 뒤로 사람들은 그를 '벨레로폰'이라 부르게 되었다. 벨레로폰은 '벨레로스를 죽인 사람'이라는 뜻이다.

코린토스 사람들은 이 젊은 영웅이 산적을 죽였다는 소식을 듣고 안도의 한숨을 내쉬었지만, 전쟁의 신은 그를 괘씸하게 생각하고 그가 처벌받아야 한다고 주장했다. 그래서 벨레로폰은 코린토스를 떠나 당시 아바스의 아들 프로이토스가 다스리던 이웃 나라 티린스로 갔다.

프로이토스는 벨레로폰을 융숭하게 대접해 주었을 뿐 아니라 그의 살인죄를 방면해 주었다.

벨레로폰은 프로이토스 왕에게 충성을 바쳤을 뿐 아니라 가장 어려운 일도 열성적으로 처리했다.

그런데 불행하게도 신처럼 아름다운 벨레로폰의 모습

이 왕비 스테네보이아의 눈길을 끌었다. 왕비가 그를 사랑하게 된 것이다.

어느 날 프로이토스가 밖에 나가고 없을 때 스테네보이아는 자기의 감정을 벨레로폰에게 털어놓았다. 벨레로폰은 그녀의 고백을 거절했다. 그에게 기꺼이 피난처를 제공해 준 왕을 배신할 수 없었기 때문이다. 그러자 스테네보이아는 모욕감을 느꼈고 그에 대해 앙심을 품게 되었다. 사랑은 극도의 증오로 바뀌었다.

스테네보이아는 어떻게 해서든 벨레로폰을 궁지에 몰아넣고 말겠다고 생각했다. 마침내 그녀는 한 가지 꾀를 생각해 내고는 프로이토스에게 말했다.

"여보, 내 말 좀 들어 보세요. 당신은 몹쓸 사람을 집 안에 들여 놓았어요. 벨레로폰이 나를 유혹하려고 했어요."

이 말을 들은 프로이토스는 경악을 금치 못했다. 그는 벨레로폰을 무척 존경했지만 자기 아내가 거짓말하고 있다고 생각할 수는 없었다.

프로이토스가 소리쳤다.

"은혜를 모르는 놈 같으니라고!"

스테네보이아가 말했다.

"은혜를 모를 뿐 아니라 우리 두 사람에게 씻을 수 없는 모욕을 준 거예요. 우리가 택할 수 있는 길은 하나뿐이에요. 그를 죽이든지 아니면 그에게 죽임을 당하는 거예요."

왕비의 말은 프로이토스를 난처한 입장에 빠뜨렸다. 손님을 환대하라는 성스러운 법칙은 손님에게 그런 벌을 내리는 것을 금하고 있었기 때문이다.

그러나 프로이토스는 아내의 뜻에 따르기로 마음을 정했다. 그는 자기 손으로 벨레로폰을 죽이는 대신 스테네보이아의 아버지인 리키아 왕의 손을 빌려 그를 죽일 수 있을 것이라고 생각했다.

리키아 왕에게 보낸 편지

프로이토스는 리키아의 왕에게 다음과 같은 편지를 썼다.

'편지를 가지고 가는 자는 장인어른의 딸을 범하려고 했습니다. 그를 죽이십시오.'

그는 편지를 단단히 봉한 다음 그것을 벨레로폰에게 주

고 리키아의 왕에게 전해 주라고 지시했다.

　벨레로폰은 그런 사정을 전혀 모르고 리키아로 떠났다.

　리키아에 도착한 벨레로폰은 왕을 만나 편지를 전했다. 리키아의 왕은 편지를 뜯어보지도 않고 사위가 보낸 손님에 대한 예의로 그를 환영하는 잔치를 열었다. 그 잔치는 9일 동안이나 계속되었다.

　열흘째 되는 날 리키아의 왕은 프로이토스가 보낸 편지를 읽어 보아야겠다고 생각했다. 편지를 읽어 나가면서 그의 입가에서 미소가 사라졌다. 그는 편지에 쓰여 있는 내용을 믿을 수가 없었다. 여태까지 그렇게 극진하게 대접한 젊은이가 자기 딸을 모욕했다니 정말 기가 막힐 노릇이었다.

　리키아의 왕은 벨레로폰을 죽여야겠다는 생각을 했지만 그 역시 자기 손으로 그를 죽이고 싶지 않았다. 한 가지 꾀를 생각해 낸 그는 벨레로폰에게 말했다.

　"우리 나라에 무서운 괴물이 큰 피해를 주고 있소. '키마이라'라는 괴물인데 아무도 그 괴물을 물리치겠다고 나서는 사람이 없소. 내가 당신처럼 젊다면 나서 보겠지만 난 이미 늙었소. 그래서 당신이 나서 주었으면 하오. 당신은 강하고 용감하니까 그 일을 해낼 수 있을 것이라고 생각하오."

벨레로폰은 기꺼이 그 괴물을 처치하겠다고 나섰다. 리키아의 왕은 사위의 부탁을 들어 주게 된 것을 만족하게 생각했다. 괴물이 있는 곳으로 보낸다면 이 젊은이는 틀림없이 죽을 것이라고 확신했기 때문이다.

키마이라는 정말 무시무시한 괴물이었다. 이 괴물은 머리가 셋인데 앞의 머리는 사자였고 뒤의 머리는 용이었으며 가운데 머리는 염소였다. 가장 위험한 것은 가운데 머리였다. 입에서 불을 내뿜기 때문이었다.

키마이라는 사람과 짐승들을 갈가리 찢어 죽일 뿐 아니라 염소 모양 머리의 입에서는 불을 내뿜어 밭에 심은 농작물과 숲을 모조리 태워 버리곤 했다.

아무리 힘이 세고 용기가 있더라도 과연 이 괴물을 물리칠 수 있을 것인가? 힘만으로는 안 될 것임을 깨달은 벨레로폰은 현명한 점쟁이 폴리이도스를 찾아가 그의 충고를 듣기로 했다.

폴리이도스가 말했다.

"포세이돈 아들인 페가소스를 이길 수 있는 사람만이 키마이라를 물리칠 수 있지요. 하지만 페가소스는 사람이 아닙니다. 페가소스는 페르세우스가 고르곤 메두사의 목을 자를 때 거기서 뛰쳐나온 날개 달린 말로서, 쉽게 죽지 않지요."

벨레로폰이 물었다.

"어디 가야 페가소스를 찾을 수 있습니까?"

폴리이도스가 대답했다.

"나는 페가소스가 그리스의 산과 하늘을 떠돌아다닌다는 사실밖에 모릅니다. 그는 사람을 피합니다. 그러니 어디 가야 그를 찾을 수 있는지 누가 알겠습니까?"

페가소스를 찾아서

어디서 페가소스를 찾을 수 있을지 막막했지만, 벨레로폰은 실망하지 않고 그리스를 향해 떠났다. 그리스에 도착한 그는 페가소스가 있을 만한 곳을 수소문하기 시작했다. 그러나 사람들은 페가소스의 행방을 묻는 그를 이상한 눈으로 바라볼 뿐이었다.

한 노인이 말했다.

"날아다니는 말이 있다는 소문은 우리 모두 들은 적이 있네만, 그걸 본 사람은 아무도 없다네."

다른 노인이 대꾸했다.

"꾸며 낸 얘기인지도 모르지."

이 말을 듣고 벨레로폰은 생각했다.

'사람들이 모른다 해도 님프(바다, 산, 강, 목장 등에 사는 요정)나 네레이데스, 뮤즈들은 알고 있을지도 몰라.'

벨레로폰은 샘이 많은 헬리콘산으로 갔다. 숲이 빽빽하게 우거진 산비탈에 요정이나 정령들이 많이 숨어 있다는 말을 들었기 때문이다.

숲이 우거진 산비탈로 올라간 그는 컴컴한 계곡을 헤맨 끝에 샘 하나를 발견했다. 플라타너스 고목들이 하늘을 가리고 깎아지른 바위 절벽이 까맣게 솟아 있는 그곳은 사람의 발길이 한 번도 닿지 않은 아름다운 곳이었다.

물 흐르는 소리와 새들이 지저귀는 소리 사이로 문득 여자들이 즐겁게 재잘거리며 노래 부르는 소리가 들려왔다. 잠시 뒤 여신처럼 아름다운 처녀 셋이 그 앞에 나타났다.

그들이 말했다.

"당신의 얼굴과 눈을 보니 나쁜 마음을 먹고 이곳을 찾아온 것 같지는 않군요. 그러니 당신이 원하는 것이 무엇인지 말해 보세요. 우리가 도와줄 수 있을지도 모르니까요. 우린 제우스의 딸인 뮤즈들이에요."

벨레로폰이 용기를 내어 대답했다.

"난 페가소스를 찾고 있어요."

뮤즈들은 놀란 표정으로 그를 바라보았다.

"그건 쉬운 일이 아니에요. 게다가 당신은 운도 좋지 않군요. 조금만 더 일찍 왔더라면 페가소스를 볼 수 있었을 텐데. 당신이 보고 있는 이 샘은 페가소스가 만든 거예요. 그래서 이 샘을 말 샘이라고 부르지요. 그가 발굽으로 바위를 치자 바로 그 자리에서 물이 솟구쳐 나왔거든요.

하지만 지금 페가소스는 아크로코린토스에 있어요. 거기서도 똑같은 방법으로 샘을 만들었어요. 그 샘은 '페이레네 샘'이라고 부르지요. 그리로 가 보세요. 그러면 페가소스를 보게 될지도 모르니까요. 하지만 그에게 가까이 가진 마세요. 페가소스는 사람이 자기에게 가까이 오는 것을 용서하지 않아요. 설혹 가까이 가더라도 그의 등에 올라타려고 하진 마세요. 그러다가 목숨을 잃을지도 모르니까요."

뮤즈들의 이야기는 그를 겁먹게 했지만, 벨레로폰은 움츠러들지 않았다. 그는 페가소스가 있는 곳을 알았다는 사실에 만족하면서 뮤즈에게 작별 인사를 하고 아크로코린토스로 향했다. 그는 리키아 왕국의 무서운 괴물 키마이라를 어떻게든 처치해 버리겠다고 굳게 마음먹고 있었다. 또 페가소스를 타 보고 싶은 욕심이 생겨 위험 따위는 전혀 신경 쓰지 않았다.

벨레로폰이 아크로코린토스를 향해 가는데 신전이 하나 보였다. 아테나 여신을 모신 신전이었다. 안으로 들어간 그는 여신상 앞에 무릎을 꿇고 페가소스를 찾아 길들일 수 있게 도와 달라고 간청했다.

이미 해가 저물었으므로 벨레로폰은 신전 밖으로 나와 적당한 자리에 누워 잠이 들었다. 그는 꿈속에서 아테나 여신을 만났다. 여신은 황금으로 된 굴레를 양손에 들고 있었다.

아테나가 그를 소리쳐 불렀다.

"포세이돈의 아들 벨레로폰아."

어리둥절한 벨레로폰이 대답했다.

"저는 포세이돈의 아들이 아닙니다."

페가소스를 길들이다

아테나가 다시 되풀이했다.

"포세이돈의 아들 벨레로폰아, 페가소스는 네 동생이란다. 그 역시 포세이돈의 아들이기 때문이다. 그는 네 동생이긴 하지만 너를 자기 등에 태우려고 하지는 않을 것이다. 그러니 신비한 힘을 가진 이 굴레를 가지고 가거라. 이걸 페가소스의 머리에 씌우면 그는 아이들이 타는 망아지처럼 순해질 것이다."

그 순간 페가소스가 나타나더니 마치 벨레로폰을 알고 있기나 한 것처럼 그에게 다가왔다.

아테나가 급하게 소리쳤다.

"그에게 겁을 주지 않도록 조심해라. 얼른 그에게 굴레를 씌워라. 잘했다. 이제 그의 목을 쓰다듬어 주고 등에 올

라타라. 오오! 넌 해냈다. 페가소스는 이제 네 것이다. 잘 가거라. 즐거운 여행이 되길 빈다."

믿을 수 없는 일이었다. 페가소스의 등에 올라탄 벨레로폰은 하늘로 솟구쳐 오르고 있었다. 정말 멋진 기분이었다.

그러나 그것은 현실이 아니었고 오래 지속되지도 못했다. 벨레로폰은 곧 잠에서 깨어났고 그는 여전히 땅에 누워 있었다.

그것이 꿈이었다는 데 실망한 벨레로폰은 자리에서 일어났다. 일어나서 주위를 둘러보니 옆에 굴레가 있었다. 꿈속에서 아테나 여신이 그에게 주었던 것과 똑같은 황금으로 된 굴레였다. 벨레로폰은 그 귀중한 굴레를 두 손으로 집어 들었다. 이번에는 환상이 아니었다. 꿈도 아니었다. 그는 분명히 페가소스를 길들일 수 있는 굴레를 손에 들고 있었다.

벨레로폰은 다시 아크로코린토스를 향해 출발했다. 그는 곧 '페이레네 샘'을 찾아냈다. 그는 샘 근처 덤불 뒤에 숨어서 기다렸다. 나뭇잎이 바스락거리는 소리를 낼 때마다 벨레로폰은 페가소스가 나타나지 않았나 해서 고개를 돌리곤 했다.

얼마 뒤 하늘에서 터커덕터커덕 하는 소리가 들려왔다. 그가 하늘을 올려다보니 거기에 페가소스가 있었다. 눈처럼 희고 넓은 날개가 달린 멋진 말이었다.

페가소스는 날개를 퍼덕이며 백조처럼 우아하게 하늘을 날고 있었다. 벨레로폰은 놀라움으로 가득 찬 눈으로 페가소스를 바라보았다. 그러나 그는 곧 자기가 몸을 잘 숨겨야 한다는 것을 깨닫고는 깊숙한 덤불 밑에 몸을 숨겼다. 잠시 뒤 숨어 있는 벨레로폰 바로 앞에 페가소스가 내려앉았다.

페가소스는 벨레로폰을 볼 수 없었지만 누군가가 가까이 있다는 것을 느꼈다. 페가소스는 주위를 두리번거리며 사납게 울어 댔고 위협적으로 날개를 세웠다. 그래도 벨레로폰은 겁내지 않고 조용히 기회를 기다렸다.

페가소스는 좀처럼 진정될 기미를 보이지 않았다. 그래서 벨레로폰은 돌 한 개를 집어 말의 등 너머 덤불 숲으로 던졌다. 그 소리를 들은 페가소스는 귀를 쫑긋 세우고 소리가 들리는 쪽으로 머리를 돌렸다. 그러더니 잠시 동안 아무 움직임 없이 서 있었다.

벨레로폰은 번개처럼 재빨리 숨어 있던 곳에서 나와 페가소스의 코 위에 굴레를 씌웠다. 깜짝 놀란 페가소스는 굴레를 단단히 잡은 채 자기 목을 쓰다듬고 있는 젊은이를 보려고 고개를 돌렸다. 무슨 일이 일어났는지를 알아차린 페가소스는 굴레를 벗어 버리려 하지 않고 복종하겠다는 듯 부드러운 울음소리를 냈다. 자존심이 강한 야생 동물이 마침내 기가 죽은 것이다.

벨레로폰은 이제 순해진 페가소스를 샘으로 데리고 가서 함께 물을 마셨다. 그런 다음 그는 말 등에 올라탔다. 벨레로폰이 부드럽게 고삐를 잡아당기자 페가소스는 커다란 하얀 날개를 펴더니 그를 태운 채 하늘 높이 올라갔다. 꿈이 현실이 된 것이었다.

벨레로폰은 고삐로 페가소스를 몰며 하늘을 가로질렀다. 그는 이 멋진 비행이 영원히 계속되기를 바랐다. 그의 폐는 신선한 공기를 한껏 빨아들였고 그의 눈에는 나무로 덮인 산과 햇빛을 받아 반짝이는 강물 그리고 섬들이 점점이 박힌 바다 등 장엄한 광경이 들어왔다. 구름을 친구 삼아 신처럼 하늘을 날면서 벨레로폰은 자기 안에 힘이 솟구치는 것을 느꼈다.

키마이라를 죽이다

리키아까지 가는 데는 오랜 시간이 걸리지 않았다. 벨레로폰은 키마이라가 살고 있을 만한 곳을 열심히 찾았다. 그는 곧 나무 한 그루 없는 황량한 땅을 발견했다. 그는 더 자세히 보기 위해 페가소스를 밑으로 몰았다. 그곳에는 풀 한 포기 없고 여기저기 타다 남은 나뭇등걸들만 서 있을 뿐이었다. 그 나뭇등걸들 사이에 동물 뼈가 널려 있었고 더러 사람 뼈도 있었다.

키마이라의 집이 그 근처에 있는 게 분명했다. 바로 그 순간 침입자가 왔다는 것을 눈치챈 키마이라가 소굴에서 나왔다. 페가소스와 벨레로폰은 낮게 날고 있었기 때문에 즉시 그 무시무시한 괴물을 발견했다.

벨레로폰은 두려워하지 않았다. 바로 그때 페가소스가 하늘로 솟구쳐 올라갔다. 그것은 잘한 일이었다. 키마이라가 염소 같이 생긴 얼굴의 입에서 불꽃을 내뿜기 시작했기 때문이다. 이 불꽃을 맞았다면 벨레로폰과 페가소스는 재가 되고 말았을 것이다.

그들이 도망친 것을 안 키마이라는 난폭해져서 소름 돋는 소리를 내며 불꽃을 더욱 높이 뿜어 댔다. 그것은 마치 사나운 폭풍우가 일면서 구름 낀 하늘에 번개가 번쩍이는 것과 비슷한 광경이었다.

이것을 보고도 벨레로폰은 겁내지 않았다. 그는 페가소스의 고삐를 잡아당겨 불꽃이 닿을 수 없는 높은 곳으로 올라갔다. 이제 그에게 공격할 기회가 왔다. 벨레로폰은 침착하게 어깨에서 활을 내린 다음 화살 하나를 전통에서 꺼내 활에 메우고, 있는 힘을 다해 카마이라를 향해 쏘았다. 씽 하는 날카로운 소리가 공기를 갈랐고 이어 엄청나게 큰 비명이 들려왔다. 그 소리로 화살이 빗나가지 않았음을 알 수 있었다.

벨레로폰은 재빨리 또 한 개의 화살을 날렸다. 그리고 다시 계속해서 화살을 날려 보냈다. 화살이 날아갈 때마다 키마이라의 고통스러운 비명이 들려왔다. 화살은 한 개도 빗나가지 않고 목표물에 명중했다.

반격을 할 수 없었던 키마이라는 수많은 화살을 맞고 마지막 몸부림을 치더니 땅에 털썩 쓰러져 죽고 말았다.

세상에 두려운 게 없는 키마이라가 지고 말았다.

　벨레로폰이 멀쩡하게 살아 돌아와서 카마이라를 처치했다고 보고하자, 리키아의 왕은 화가 났고 좌절감을 느꼈다. 하지만 그는 속마음을 겉으로 드러내지 않고 이렇게 말했다.

"잘했네, 젊은이! 자넨 이제 영웅일세."

　말을 끊고 잠깐 생각한 그는 이렇게 덧붙였다.

"자네가 내게 충성을 다하고 힘든 일을 해낸다면 자넨 영화를 누리게 될 걸세. 나는 자네에게 상으로 명예와 재물을 주겠네. 그러니 이제 트롤로스산으로 가서 그곳에 있는 산적들을 모두 잡아오게."

"네, 분부대로 하겠습니다."

　벨레로폰이 이렇게 대답하자 왕은 기쁨을 감추지 못했다. 이번에는 벨레로폰이 반드시 죽을 것이라고 굳게 믿었기 때문이었다.

　벨레로폰은 페가소스를 타고 출발했다. 그러나 그가 상상했던 것과 다르게 산적은 적은 수가 아니라 많은 숫자인 데다 피에 굶주린 군대와도 같았다. 리키아의 모든 군사가 동원되어도 그들을 이길 수 없을 듯했다.

그러나 벨레로폰은 페가소스를 타고 산적의 머리 위를 낮게 날면서 그들 가운데 가장 사나운 자들을 골라 쓰러뜨렸다. 그러자 나머지는 뿔뿔이 흩어졌다. 이로써 다시는 그들이 이 지역을 혼란에 빠뜨리는 일이 없게 되었다.

벨레로폰이 다시 살아 돌아오자 왕은 전보다 더 화가 났다. 벨레로폰을 죽이겠다는 그의 결심은 더욱 굳어졌다. 그래서 이번에는 그를 아마존 여전사들과 싸우게 했다. 이 사나운 여전사들과 힘을 겨루겠다고 나선 사람들 가운데 살아 돌아온 사람이 그때까지 한 명도 없었기 때문이다. 하지만 왕의 예상과는 달리 벨레로폰은 다시 승리를 거두고 돌아왔다.

이제 왕에게는 한 가지 방법만이 남아 있었다. 그는 리키아의 가장 난폭한 전사들인 크산토스의 전사들에게, 매복했다가 벨레로폰을 급습해 죽여 버리라고 명령했다.

강물이 무기가 되다

벨레로폰이 크산토스강 둑을 산책하고 있을 때 왕이 보

낸 전사들이 그에게 달려들었다. 벨레로폰의 생명이 이렇게 위협받기는 태어나서 처음이었다. 그가 많은 전사들과 싸워 이길 가능성은 전혀 없었다.

그러나 벨레로폰은 그 순간 아테나 여신이 꿈속에 나타나 자기를 '포세이돈의 아들'이라 불렀던 사실을 기억해 내고 그 강력한 바다의 신에게 도움을 청했다.

그가 도움을 청하는 순간, 이상한 일이 일어났다. 크산토스강 물이 갑자기 불어나더니 벨레로폰의 뒤를 쫓아왔던 것이다. 그가 앞으로 나가면 강물도 앞으로 나왔고 그가 걸음을 멈추면 강물도 그 자리에 멈추었다.

이 기적을 본 전사들은 두려움에 사로잡혀 뒤로 물러서기 시작했다. 그러자 벨레로폰이 더욱 거세게 그들을 몰아쳤다. 강물이 바로 그의 뒤를 바짝 뒤쫓아왔고 크산토스의 전사들은 그것을 보고 겁에 질려 달아났다. 벨레로폰이 그들을 뒤쫓았고 하얀 거품이 이는 성난 강물도 그와 함께 그들을 뒤쫓았다.

이제 벨레로폰은 도시로 다가가고 있었다. 리키아 사람들은 이 광경을 보고 자신의 눈을 믿을 수 없었다. 만약 도시와 들판이 물로 덮인다면 그것은 엄청난 재난이었다. 이미 걱정에 싸인 군중들이 모여 있었다.

누구보다도 더 걱정이 많았던 사람은 왕이었다. 그가 전사들을 향해 소리쳤다.

"겁쟁이들아, 그놈을 막아라! 이러다간 우리가 모두 물에 빠져 죽겠다."

그러나 겁에 질려 제정신이 아닌 전사들은 사방으로 흩어져 곧 보이지 않았다.

전사들은 부끄러운 줄도 모르고 도망쳤지만, 그들의 아내와 딸들은 도망치지 않고 아직 남아 있었다.

그들 가운데 한 사람이 소리쳤다.

"크산토스의 여인들이여! 나와 함께 전진하자. 우리가 나서서 우리의 남편과 아들들이 더럽힌 명예를 되찾도록 하자!"

이 외침과 함께 여인들이 벨레로폰을 향해 달려오기 시작했다. 하지만 벨레로폰은 이 여인들과 그들의 도시를 해칠 생각은 전혀 없었다.

그래서 그는 물러서려고 했다. 그러나 아테나 여신이

그를 다그쳤다. 여신은 나름의 계획을 가지고 있었던 것이다. 그래서 벨레로폰은 계속 앞으로 나아갔다.

양측 사이의 거리가 얼마 안 남았을 때, 여인들은 전진을 멈추었고 그들 가운데 한 사람이 소리쳤다.

"우리 가운데 누구든 한 사람을 택해 당신의 아내로 삼든지 죽이든지 하시오. 대신 우리 땅을 물바다로 만들진 마시오!"

벨레로폰은 대답하지 않았다. 그는 천천히 그들을 향해 걸어갔다. 거품이 이는 물결도 그를 뒤따랐다.

그가 아주 가까이 다가갔지만 크산토스의 여인들은 한 치도 물러서지 않았다. 벨레로폰은 점점 더 가까이 다가갔고 그와 함께 강물도 다가왔다. 여인들은 어찌할 바를 모르고 다만 치마를 높이 걷어 올렸다.

마치 그들의 유일한 걱정거리는 치마가 물에 젖는 것인 듯, 또는 걷어 올린 치마가 그들을 사나운 강물로부터 구원해 줄 것이라고 믿는 것처럼······.

그런데 실제로 그들의 이런 행동이 그들과 도시를 구원해 주었다. 여인들의 넓적다리를 본 벨레로폰은 얼굴을 홍당무처럼 붉히며 돌아섰고 그 순간 강물도 크산토스강 바닥으로 되돌아갔던 것이다.

진실이 밝혀지다

이 모든 광경을 보고 있던 리키아 왕은 놀라서 어안이 벙벙해졌다. 그때 문득 그의 머릿속에 한 가지 의심이 생겨났다. 그 의심은 계속 자라났고 그는 이렇게 자문하게 되었다.

'내 딸을 겁탈하려고 달려들었던 남자가 여인의 넓적다리를 보고 저렇게 얼굴을 붉힐 수 있을까?'

마침내 그에게 어렴풋이 진실이 떠오르게 되었다.

"그래, 그건 모두 거짓말이었어. 벨레로폰은 아무 죄가 없어."

왕은 곧 프로이토스의 편지를 들고 벨레로폰에게로 달려갔다. 그가 말했다.

"이걸 읽어 보게!"

편지를 읽어 본 벨레로폰은 놀라서 할 말을 잃었다.

왕이 설명했다.

"바로 이런 이유로 나는 자네에게 그런 위험한 임무들을 맡겼던 걸세. 난 거짓말을 사실로 믿었던 걸세. 하지만 프로이토스가 왜 이런 편지를 썼는지 그 이유를 알고 싶네."

벨레로폰이 대답했다.

"그 이유를 안들 무슨 소용이 있겠습니까? 어쨌든 프로이토스 왕에게는 잘못이 없습니다. 사실 그 누구에게도 잘못이 없다고 할 수 있습니다. 사람들의 행동을 조종하는 것은 신들이니까요."

이 말을 듣고 리키아의 왕은 더 이상 묻지 않았다. 아마 그는 벌써 진실을 짐작하고 있었을 것이다. 이 일로 왕은 벨레로폰을 더욱더 존경하게 되었다. 왕은 막내딸과 그를 결혼하게 하고 그를 자기의 후계자로 삼기까지 했다.

리키아의 왕은 또한 크산토스의 여인들이 도시를 지키기 위해 용감하게 나섰던 일과 반대로 그의 용감한 전사들의 비겁성 또한 잊지 않았다.

그래서 그는 옛날의 관습을 되살리기로 결정했다. 크산토스강 인근 지역에 사는 주민의 자녀들은 아버지의 성을 따르지 않고 어머니의 성을 따르라는 포고령을 내렸던 것이다.

그래서 그 지방 아이들은 '이아손의 아들 알카이오스'라고 불리지 않고 '다프네의 아들 알카이오스'라고 불리게 되었다. 당시 이것은 여인들에게는 커다란 명예였고 남자들에게는 커다란 모욕이었다.

리키아의 왕이 죽자 벨레로폰이 그의 뒤를 이어 왕이 되었다. 그의 아내는 아들 셋과 딸 하나를 낳았다. 딸 라오다메이아는 너무나 아름다워서 제우스 신이 그녀를 사랑하게 되었다. 제우스 신과 그녀 사이에서 뒷날 트로이 전쟁에서 영광스러운 죽음을 맞은 영웅 사르페돈이 태어났다.

벨레로폰은 오래도록 행복하게 살았다. 그는 페가소스의 도움으로 많은 공적을 세워 영웅으로서의 명성을 더욱 높였다.

슬픈 몰락

하지만 선량하고 용감한 그도 늘그막에는 자주 실수를

저질렀다. 권력과 영광이 자만심을 키우고, 자만심은 사람으로 하여금 분별력을 잃게 하기 때문이다.

벨레로폰은 백성들이 자신에게 보내는 찬사와 존경에 우쭐해졌다. 그리고 페가소스를 타고 하늘을 솟구쳐 오를 때면 으레 자기가 다른 누구도 꿈꿀 수 없는 일을 해냈다는 흐뭇한 만족감을 느꼈다.

그는 하늘을 날아가면서 꿈속에서 아테나 여신이 자신을 포세이돈의 아들이라고 했던 말을 생각하곤 했다. 그러다 보면 그는 자기가 신들과 동격이라는 생각, 자기가 있을 곳은 이 지상이 아니라 올림포스라는 건방진 생각까지 하게 되었다.

그래서 어느 날 벨레로폰은 페가소스를 타고 신들이 사는 올림포스를 향해 떠났다. 자만심에 눈이 먼 그는 자기 아버지가 문간에서 자신을 기다리고 있다가 신들의 식탁 옆자리에 앉힐 것이라고 생각했다. 그는 심지어 헤베가 잔에 넥타르(신들이 마시는 생명의 술)를 채워 주어 자신을 불멸의 존재로 만들지도 모른다고 생각했다.

이런 허영에 들뜬 벨레로폰은 점점 더 구름 위로 높이

올라갔다. 마침내 구름의 바다 위에 우뚝 솟은 올림포스 산이 그의 눈에 들어왔다. 그 맨 위의 봉우리에는 신들의 어마어마한 궁전이 햇빛을 받아 번쩍이고 있었다.

높은 자리에 앉아 있던 제우스 신이 자만심으로 가득 찬 벨레로폰을 알아보았다.

제우스가 소리쳤다.

"저런 건방진 놈이 있나? 인간이 감히 부르지도 않았는데 올림포스에 다가오다니."

이 말과 함께 제우스는 거대한 말파리를 페가소스에게 날려 보냈다. 이 독충이 한 번 물자 모든 일이 끝났다. 페가소스가 요란스러운 비명을 지르면서 날뛰기 시작했던 것이다. 고통을 이기지 못한 페가소스가 커다란 날개를 미친 듯이 퍼덕거리면서 발버둥 치는 바람에 결국 벨레로폰은 페가소스의 등에서 떨어지고 말았다.

벨레로폰은 그 높은 하늘에서 땅을 향해 곤두박질쳤다. 아테나 여신이 그가 떨어지는 것을 보고 가엾게 여겨 달려가 그를 구했지만 그의 마음은 이미 변해 있었다.

아테나가 한탄했다.

"애석하도다! 영예가 왜 이다지도 사람의 마음을 타락시키는가? 겸허한 마음으로 행사하는 지상의 권력은 얼마나 고상한가? 모든 사람이 이 진리를 이해할 수만 있다면 얼마나 좋을까! 한때 벨레로폰은 얼마나 훌륭하고 멋진 젊은이였던가. 지금의 그는 어떤가. 자기가 갈 곳, 심지어 자기가 지금 무슨 일을 하고 있는지도 모르는 채 세상을 떠돌고 있지 않은가. 나로서도 그를 도와줄 힘이 없구나. 애석하고 애석한 일이로다!"

이렇게 해서 벨레로폰은 백성들로부터 잊히고 신들로부터 버림받은 채 발길 닿는 대로 정처 없이 헤매다가 길에서 죽음을 맞았다.

벨레로폰의 시신은 그가 페가소스를 찾을 수 있도록 도와주었던 뮤즈들에 의해 발견되었다. 그들은 시신을 들어올려 씻은 다음 수의를 입혀서 올림포스산의 조용한 비탈에 묻어 주고 그를 위해 눈물을 흘려 주었다.

시간은 흘렀다. 그러나 뮤즈들은 벨레로폰을 잊지 않았고 그의 영웅적인 행동이 사람들의 기억에서 영영 사라지도록 하지 않았다. 시인들과 가수들에게 영감을 줌으로써 그들은 벨레로폰의 용감한 명성을 되살아나게 했다. 또한 사람들의 가슴을 페가소스를 길들이고 무서운 키마이라를 죽인 이 영웅에 대한 큰 사랑으로 가득 채웠다.

이제 벨레로폰 이야기가 끝났으니 티린스의 프로이토스 왕궁으로 되돌아가 보자.

스테네보이아 왕비는 벨레로폰에 대해 사악한 거짓말을 한 대가를 톡톡히 치러야 했다. 리키아 왕의 친척이 와서 프로이토스 왕에게 그동안 있었던 일을 전해 줌으로써 그를 노발대발하게 만들었던 것이다.

프로이토스가 소리쳤다.

"더러운 여자 같으니라구! 어서 내 앞에서 없어져라. 다시는 꼴도 보기 싫으니!"

이렇게 해서 스테네보이아는 비참한 신세가 되고 말았다. 호화롭고 신분 높은 생활은 온데간데없이 사라졌다. 절망에 빠진 그녀가 갈 곳이라곤 없었다. 친정아버지에게도 돌아갈 수 없는 처지였다. 왕비로서 모든 사람들의 존경을 받던 그녀가 거지가 될 수는 없는 노릇이었다.

스테네보이아는 정처 없이 길을 떠났다. 그녀가 가는

길에 밧줄이 하나 나타났다. 그 밧줄이 그녀가 갈 길을 가리켜 주는 것 같았다. 스테네보이아는 그 밧줄을 보물처럼 가슴에 안았다.

얼마를 더 가니 나무 한 그루가 있었다. 그녀의 마지막은 급작스럽고도 비참했다. 그것은 그녀의 사악한 거짓말에 대한 합당한 대가였다.

멜람푸스

한편 벨레로폰이 저질렀다는 죄에 대해 조사도 해 보지 않고 부당하게 그를 쫓아 보냈던 프로이토스에게도 어려운 날들이 닥쳤다. 그의 두 딸 리시페와 이피아나사가 심한 정신병에 걸린 것이다. 아버지와 딸들은 이루 말로 표현할 수 없는 고통을 겪은 끝에 결국에는 현명한 점쟁이이며 치료사인 멜람푸스에 의해 다시 정상으로 돌아왔다.

멜람푸스는 이상한 일이 계기가 되어 신비스러운 능력을 얻은 사람이었다.

어느 날 멜람푸스는 독수리 한 마리가 뱀의 둥지를 덮치는 것을 보았다. 한 쌍의 뱀이 새끼를 지키기 위해 절망

적인 싸움을 벌이고 있었다. 뱀들이 불쌍하다고 생각한 멜람푸스가 달려가서 독수리를 쫓아 주려 했다. 그러나

한발 늦어 날카로운 독수리의 부리로부터 뱀들을 구해 주지 못했다.

멜람푸스는 뱀들을 근처에 묻어 주고 잠이 들었다. 그가 자는 동안 어린 뱀들이 기어 와서 감사의 표시로 그의 귀를 혀로 깨끗이 핥았다. 그 순간 멜람푸스는 야생 동물의 말을 이해할 수 있게 되었다. 바로 이 능력 때문에 그는 점쟁이가 되었고 위대한 치료사가 되었다.

그런데 멜람푸스에게는 무척 아끼는 '비아스'라는 동생이 있었다. 비아스가 필로스의 왕 넬레우스의 딸 페로와 사랑에 빠지게 되었다. 멜람푸스는 동생이 사랑하는 여인과 결혼하도록 도와주려고 했다.

그러나 넬레우스는 자기에게 아름답고 힘이 센 필라코스 왕의 소를 데려오는 사람과 딸을 결혼시키겠다고 공언했다. 하지만 그 누구도 필라코스의 소에 손을 댈 수 없었다. 필라코스가 단단한 벽으로 둘러싸인 우리에 소들을 가두고 밤낮으로 개와 사람들에게 지키게 했기 때문이었다.

멜람푸스는 자기에게 특별한 능력이 있기 때문에 그 소

들을 빼내 올 수 있다고 생각했다. 그러나 그런 일을 할 경우 일 년 동안 감옥에서 지낼 각오를 해야 했다. 그가 비록 동생을 무척 사랑하고 과거에 동생을 많이 도와주었지만, 그것은 너무나 대가가 비싼 일이었다. 그래서 멜람푸스는 비아스에게 페로와의 결혼을 포기하라고 충고했다.

비아스는 이 말을 들은 뒤부터 깊은 우울증에 빠졌다. 그는 식욕을 잃어버렸고 잠을 전혀 못 잤다. 그리고 그의 머릿속은 아내가 될 수 없는 아름다운 페로에 대한 생각으로 가득 차 있었다.

동생이 절망적인 상태에 빠져 있는 것을 본 멜람푸스는 자기가 결국 소도둑 노릇을 하는 수밖에 없다는 것을 깨달았다. 하지만 그가 예상했던 대로 그는 우리의 담을 뛰어넘자마자 필라코스 왕에게 잡히고 말았다.

필라코스가 으르렁거렸다.

"이 세상에서 내가 가장 귀하게 여기는 게 두 가지 있다. 첫째는 내 아들 이피클로스고 다음은 내 소들이다. 그러니 네놈은 감옥신세를 면할 수 없다. 내가 너를 다시 놓아줄 것이라는 기대는 아예 하지 말아라."

감옥에 갇힌 지 1년쯤 되었을 때 멜람푸스는 두 마리 나무 벌레가 주고받는 말을 들었다. 그 벌레들은 그의 감방을 떠받치는 기둥을 갉아먹고 있었다.

그중 한 마리가 물었다.

"형, 이제 일이 얼마나 더 남았어?"

나무 부스러기를 입에 가득 문 다른 벌레가 대답했다.

"우리가 쓸데없는 얘기로 시간을 낭비하지만 않는다면 기둥은 내일 아침 쓰러질 것이다."

멜람푸스는 이 말을 듣고 겁이 나서 다른 감방으로 옮겨 줄 것을 요구했다. 그날 밤 멜람푸스가 지르는 고함 소리 때문에 한잠도 자지 못한 필라코스는 이튿날 그의 요구를 들어줄 수밖에 없었다.

그런데 멜람푸스가 감방 문을 나오자마자 지붕이 폭삭 내려앉고 말았다. 그것을 본 필라코스는 놀라움을 감추지 못했다.

이피클로스의 병을 고치다

필라코스가 말했다.

"나는 네가 용한 점쟁이며 신묘한 치료사라는 말을 들어 왔다. 하지만 조금 전까지만 해도 그 말을 믿지 않았다. 이제 널 석방하겠다. 또 네가 원하던 소도 가져가라. 대신 내 불행한 아들 이피클로스를 고쳐서 그가 자기 아내를 임신시킬 수 있게 해 다오."

이튿날 멜람푸스는 아폴론 신에게 제물을 바치고 자신이 이피클로스의 병을 고칠 수 있도록 도와 달라고 빌었다.

그러자 즉시 도움이 왔다. 독수리 두 마리가 하늘에서 내려오더니 근처에 있는 나무에 앉았다. 곧 멜람푸스는 그중 한 마리가 하는 말을 들었다.

"너 우리가 지난번에 여기 왔을 때 생각나니? 그때 필라코스는 아폴론 신에게 바치려고 숫양들을 잡았지."

다른 독수리가 대답했다.

"생각나구말구. 하지만 그것이 아마 몇 년 전이었을 거야. 그때 이피클로스는 아직 어린애였으니까. 그의 아버지가 피 묻은 칼을 들고 그에게로 오자 그는 몹시 겁을 냈지. 그 애는 그때 충격을 받고 불임증에 걸린 거라구. 그래서 아직까지 아이를 낳을 수 없는 거야."

첫 번째 독수리가 말했다.

"나도 알아. 그때 그 애 아버지가 칼을 나무 둥치에 찔러 놓고 그 애를 달래러 달려간 것도 생각나니? 잘 보라구. 아직도 그 칼이 나무에 박혀 있다구. 그 손잡이가 보이지? 몇 해가 지나면서 나무껍질이 칼의 손잡이를 거의 덮어 버렸지."

두 번째 독수리가 말했다.

"아, 그렇구나. 그렇다면 이피클로스를 고칠 수 있는 방법이 여기 있구나. 그를 해친 게 저 칼이니까, 저 칼이 그를 다시 고칠 수 있을 거야. 누군가가 저 칼을 나무에서 뽑아서 날에 붙은 녹을 떼어 내어 약을 만들어 이피클로스에게 준다면 그는 다시 남성으로서의 능력을 되찾게 될 거야."

첫 번째 독수리가 고개를 끄덕이며 말했다.

"바로 그거야. 하지만 누가 우리처럼 그 치료법을 알고 있겠어? 우리 말을 알아들을 수 있는 사람이 있어야 그에게 어떻게 하라고 알려 주지."

하지만 멜람푸스는 독수리들이 하는 말을 모두 알아들을 수 있었다. 그는 감사의 표시로 내장 두 개를 독수리들에게 던져 주었다. 그러자 독수리들은 부리에 내장을 물고, 그렇게 오랫동안 그 나무에서 기다린 게 헛수고가 아니었음을 기뻐하면서 날아갔다.

독수리들이 날아가자 멜람푸스는 나무둥치에서 낡은 칼을 뽑아서 녹을 긁어냈고 그것으로 기적의 약을 만들었다. 이피클로스의 힘은 회복되었고 그의 아내는 아들을 낳았다. 그는 아이에게 '포다르케스'라는 이름을 지어 주었다.

아들의 병이 낫자 필라코스는 약속했던 대로 그에게 소를 내주었다. 멜람푸스는 그 소를 끌고 비아스에게로 갔다.

비아스는 기뻐하면서 그 소를 넬레우스 왕에게 바치고 대신 아름다운 페로와의 결혼을 승낙받았다.

이와 같이 신묘한 치료로 멜람푸스가 널리 이름을 떨치게 되었다. 그렇기 때문에 프로이토스는 딸들에게 문제가 생기자 그의 도움을 구하게 되었다. 프로이토스 왕은 심한 구두쇠였는데도 그에게 상당한 치료비를 낼 생각까지 하고 있었다.

엄청난 대가

프로이토스가 구두쇠라는 사실을 알고 있던 멜람푸스는 일부러 그를 자극하기 위해 이렇게 말했다.

"저는 폐하의 따님들을 고칠 수 있습니다. 하지만 한 가지 조건이 있습니다. 치료비로 왕국의 3분의 1을 저에게 주셔야 합니다."

엄청난 치료비 때문에 프로이토스는 숨이 막힐 지경이었다. 그러나 멜람푸스는 여기서 그치지 않았다.

"그건 비싼 게 아닙니다. 저는 폐하의 구두쇠 병도 고치게 되는 셈이니까요."

프로이토스가 소리를 질렀다.

"어서 나가, 이 도둑놈아! 네놈 같은 돌팔이에겐 한 푼도 줄 수 없다."

하지만 왕은 딸들의 병을 고칠 다른 의사를 구할 수 없었다. 설상가상으로 딸들이 왕국안팎을 휘젓고 다니는 바람에, 그녀들의 병이 티린스의 다른 여자들에게 전염되기 시작했다. 프로이토스는 다시 멜람푸스를 불러오는 수밖에 없었다. 멜람푸스는 이번에는 이렇게 말했다.

"환자들이 더 늘어났군요. 그러니 치료비도 더 늘어날 수밖에 없습니다. 왕국의 3분의 1은 제 몫으로 받고 또 다른 3분의 1은 제 동생 비아스의 몫으로 받아야겠습니다. 또 치료비를 깎으려고 하시다가는 이 나라에 제정신을 가진 여자는 한 사람도 남지 않게 될 것입니다."

프로이토스는 멜람푸스의 처음 제의를 물리친 것을 후회했지만 소용없는 일이었다.

이제 프로이토스는 왕국의 3분의 2를 내놓을 수밖에 없었다. 왕은 멜람푸스의 제의를 받아들였다.

멜람푸스는 왕에게 어떻게 해서 처음에 병이 생겼는지를 물었다. 듣고 보니 걱정했던 대로 여간 심각한 일이 아니었다.

티린스 여인들의 정신을 앗아간 것은 헤라 여신이었다. 프로이토스의 딸들이 아르고스에서 열린 '헤라이온'이라는 대축제에 헤라에게 제물을 바치러 가지 않았기 때문에 화가 난 것이었다.

지금 멜람푸스가 해야 할 일은 헤라 여신을 달래서 불행한 여인들의 정신을 제대로 되돌리는 것이었다.

그것은 어려운 일이라기보다 불가능해 보이는 일이었다. 헤라가 화 나면 어떤 사람, 어떤 신도 그녀를 달랠 수 없기 때문이었다. 헤라를 달랠 수 있는 것은 아르테미스 여신뿐이었다. 요즘 들어 자신에게 수많은 호의를 베푼 사냥의 여신 아르테미스의 청이라면 헤라도 차마 거절하기 어려울 것이었다.

두 여신은 최근에 서로 손잡고 그들에게 해를 끼친 자들에게 벌을 내리고 있었다.

하지만 어떻게 아르테미스를 설득해서 프로이토스의 딸들을 위해 청을 해 달라고 부탁한단 말인가? 아르테미스도 헤라나 마찬가지로 용서보다는 복수를 더 즐기는 여신이 아닌가?

이것은 처음 문제보다 더 풀기 어려웠다. 그러나 멜람푸스는 이번에도 그 해답을 찾아냈다.

"태양신 헬리오스라면 아르테미스에게 부탁할 수 있을

거야. 그는 마음이 부드러운 신이니까 내가 충분히 제물을 바친다면 이 아픈 여자들을 불쌍히 여기고 그들을 고쳐 달라고 아르테미스에게 부탁할 거야. 아르테미스는 처음에 거절하겠지만 헬리오스는 그녀를 설득할 방법을 알고 있을 거야."

과연 헬리오스는 멜람푸스가 생각했던 대로 정신병에 걸린 여자들을 돕기 위해 발 벗고 나섰다.

헬리오스가 말했다.

"내 말 좀 들어 보라구, 아르테미스. 헤라에게 청해서 프로이토스의 딸들과 티린스 여인들의 병을 고쳐 주도록 해. 그들은 이제 벌을 받을 만큼 받았다구."

아르테미스가 대답했다.

"그들에게 벌을 주라는 부탁이라면 기꺼이 그 청을 들어주지. 그런데 가서 자비를 요청하라구? 안 돼. 나는 그런 일은 절대로 안 하겠어. 사람들은 신을 무서워할 줄 알아야 해."

헬리오스는 아르테미스가 이렇게 나오리라는 것을 예상했고 그래서 어떻게 대답해야 할지도 알고 있었다.

헬리오스는 이렇게 경고했다.

"당신이 만약 내 부탁을 거절한다면 앞으로는 내가 하늘을 가로질러 여행하면서 보는 것을 당신에게 알려 주지 않겠어. 그러면 당신은 누가 당신에게 제물을 바치지 않는지 알 수 없을 거야. 그러다 보면 사람들은 차츰차츰 당신을 무서워하지 않게 될 거라구."

이 위협이 아르테미스에게 제대로 먹혀들었다. 아르테미스는 헤라에게 가서 간청했고 헤라는 그녀의 소원을 들어 줄 수밖에 없었다.

멜람푸스의 지혜가 이번에도 결실을 맺은 것이다. 티린스의 모든 여인들은 병이 나아 예전처럼 건강해졌다.

멜람푸스는 마지막 임무를 위해 떠났다. 정신병을 얻어 여기 저기 헤매고 다니던 프로이토스의 딸들을 찾으러 나선 것이다. 아내를 잃은 뒤 외롭게 지내던, 멜람푸스의 동생 비아스도 이 일에 함께했다. 그들은 아르카디아의 한 동굴 속에서 프로이토스의 딸들을 만났다.

몰라보게 회복된 두 딸은 체력 역시 집으로 돌아가는 여행길에 오를 만큼 좋아 보였다. 멜람푸스와 비아스는 그녀들을 아버지에게로 데려다 주었다. 프로이토스 왕은 병이 들기 전의 여신 같은 아름다움을 회복한 딸들을 보고 기쁨의 눈물을 흘렸다.

멜람푸스가 프로이토스에게 말했다.

"하지만 한 가지 말씀드릴 게 있습니다, 폐하. 저는 불가능한 일을 해냈습니다. 따라서 제가 받을 보수도 처음에 합의했던 것보다 더 높아져야 할 것 같습니다. 저는 따님과의 결혼을 보수로 받고 싶습니다. 리시페는 저와, 이피아나사는 제 동생 비아스와 결혼하도록 허락해 주시기 바랍니다."

이 말을 들은 프로이토스는 더할 나위 없이 기뻤다. 그는 두 형제를 얼싸안았다.

프로이토스는 약속했다.

"나는 자네들에게 내 왕국도 전부 주겠네. 난 이제 늙었네. 내가 바라는 건 단 하나, 조용한 구석에서 평화롭게 눈을 감는 것이라네."

멜람푸스가 대꾸했다.

"전에 제가 말씀드렸죠? 제가 폐하의 구두쇠 병도 고쳐

드리겠다고."

 그러자 곁에 있던 모든 사람들이 너무나 큰 소리로 웃는 바람에 멜람푸스는 다음 말을 이을 수 없었다.

 곧 결혼식이 거행되었다. 멜람푸스와 비아스는 프로이토스의 예쁜 두 딸을 각기 아내로 맞았고 티린스 왕국을 둘이 똑같이 나누어 다스렸다.

테세우스의 모험

이상한 예언

 판디온의 아들 아이게우스는 아테네의 왕이었는데 그가 사람들에게 기억되는 것은 이름난 영웅 테세우스의 아버지였다고 전해지기 때문이다. 하지만 테세우스가 정말로 그의 아들이었는지는 분명치 않다.

 아이게우스가 결혼했을 때, 그의 간절한 소원은 아테네의 왕위를 이을 아들을 낳는 것이었다. 그러나 몇 해가 지나도 아내는 단 한 명의 자식도 낳지 못했다. 아들을 간절히 바라던 그는 재혼했지만 역시 아들을 얻지 못했다.

마침내 아이게우스는 아들을 얻기 위해 어떤 일을 해야 하는지 델포이로 가서 아폴론의 신탁을 받아 보기로 했다.

아폴론 신을 모시는 여사제가 준 해답은 매우 이상했다.

"인간의 통치자여, 아테네의 아크로폴리스에 이를 때까지 네 술 주머니를 열지 말지어다."

이 말을 듣고 어리둥절해진 아이게우스는 올 때보다 더 우울한 기분으로 델포이 신전을 떠났다.

그는 스스로에게 물었다.

"도대체 이게 무슨 뜻이지? 도무지 종잡을 수가 없군!"

그는 신탁의 말대로 그가 가지고 다니던 불룩한 술 주머니를 열지 않았다. 하지만 그것이 그의 문제를 푸는 데 무슨 도움이 된단 말인가? 아이게우스는 집을 향해 발길을 옮기면서 어떻게 하면 신탁의 뜻을 풀 수 있을까 곰곰이 생각했다.

그는 결국 이렇게 결심했다.

'코린토스에 들러 메데이아에게 물어봐야겠다.'

메데이아는 세상에서 가장 신통력이 뛰어난 여자 마법사였다. 이아손이 멀리 코르키스로 황금 양털을 가지러 갔다가 거기서 그녀를 데려왔지만 큰 죄를 지은 그녀는 코린토스 성벽 밖의 초라한 오두막에서 혼자 살고 있었다. 사람들이 모두 그녀를 피했다.

메데이아는 어떤 남자가 집 안으로 들어오는 것을 보고 이상하게 생각했다.

아이게우스는 다정하게 인사를 건넨 다음, 자기는 지금 델포이에서 왔으며 신탁의 뜻을 묻기 위해 그녀를 찾아왔다고 말했다. 그리고 그는 여사제가 전해 준 메시지를 메데이아에게 말해 주었다.

메데이아는 신통력이 뛰어난 여자 마법사일 뿐 아니라 사람들에게 듣기 좋은 말이나 하는 점쟁이가 아니었다. 하지만 신탁의 메시지는 그녀도 짐작할 수 없을 만큼 신비스러웠다. 메데이아가 금세 알 수 있었던 단 한 가지 사실은 아이게우스가 결코 아들을 낳지 못하리라는 점이었다.

메데이아는 잠시 생각한 뒤에 이렇게 말했다.

"난 당신에게 후계자를 얻게 해 줄 수 있어요. 오로지 마법의 힘으로 그렇게 할 수 있을 뿐이에요. 하지만 난 그에 대한 보상을 원해요. 그것은 당신이 나를 아내로 맞아들여 내가 아테네의 왕비가 되는 것이에요."

아이를 얻고 싶은 욕망이 너무나 간절했던 아이게우스는 즉시 그녀의 제의를 받아들였다. 만약 메데이아가 다음과 같이 말하지만 않았다면 즉시 그녀를 데리고 아테네로 향했을 것이다.

"난 지금 당신과 함께 가지 않겠어요. 먼저 마법을 준비해야 하니까요. 당신의 궁전으로 가서 결혼식 준비를 하세요. 모든 준비가 끝나면 나를 데려갈 사람을 보내세요. 그리고 당신은 트로이젠을 거쳐서 아테네로 가세요."

메데이아가 자기와 함께 가려 하지 않는 이유를 이해할 수 없었던 아이게우스는 그녀가 한 말을 의심하기 시작했다.

그는 생각했다.

"저 여자가 날 놀리고 있는 건 아닐까? 어쨌든 그녀가 가라는 길로 가야겠다. 그러면 트로이젠의 현명한 노왕 피테우스도 찾아볼 수 있을 테니까. 그가 신탁의 뜻을 해석해 줄 수 있을지도 모르지."

펠롭스와 히포다메이아의 아들인 피테우스는 일찍이 세상에 태어난 누구보다 현명한 사람이었다. 반은 사람이고 반은 짐승인 카이론보다 그가 더 현명하다고 하는 사람들이 있을 정도였다.

피테우스는 아테네의 왕을 따뜻하게 맞아 주었다. 아이게우스는 그에게 자기의 슬픔과 델포이 신전의 여사제가 전해 준 이상한 말에 대해 이야기했다.

테세우스의 탄생

피테우스는 태어나서 처음으로 자기가 즉시 풀 수 없는 신탁을 접했다고 생각했다. 그는 이 수수께끼를 깊이 생각해 보았다. 그는 여러 가지 상징과 숫자, 별들을 이리저리 맞추어 본 끝에 마침내 만족스럽게 웃으며 이렇게 선언했다.

"신탁의 뜻은 당신이 왕위를 계승할 후계자를 얻게 되리라는 것이오. 그는 아테네의 모든 영웅 가운데 가장 이름난 영웅이 될 것이고 그의 이름은 영원히 기억될 것이란 뜻이오."

아이게우스가 기뻐서 어쩔 줄 모르는 것을 보면서 피테우스는 자신의 외동딸 아이트라를 생각했다. 피테우스가 무슨 생각을 했는지 그의 얼굴에 행복한 미소가 떠올랐다.

여러 해 전, 아이트라가 아직 소녀였을 때 그는 그녀를 벨레로폰에게 신부로 주기로 약속했었다. 그러나 벨레로폰은 리키아로 떠났고 그 뒤로 아무 소식이 없었다.

하지만 그 시대에 여자는 어떤 사람과 약혼하면 그것으로 끝이었다. 당시 관습으로 그 여자는 다른 남자와 결혼할 권리가 없었다.

피테우스는 딸의 이런 처지를 무척 딱하게 생각해 왔다. 그런데 이제 그는 해결책을 찾아낸 것이다.

'아이트라는 비록 결혼의 행복은 영영 맛보지 못하겠지만, 적어도 어머니의 기쁨은 경험할 수 있을지도 모르겠구나. 그 애가 신탁에서 예언한 영웅의 어머니가 되도록 해야겠다. 내가 그 모자를 둘 다 돌보아 주기로 하자.'

이렇게 생각한 피테우스는 반은 농담으로 반은 진지하게 아이게우스에게 말했다.

"그 여사제가 자네가 가지고 있는 술 주머니를 왜 열지 말라고 했는지 아나? 그건 내 술 주머니를 열라는 뜻이야. 내 술 주머니에 세상에서 가장 좋은 포도주가 들어 있거든."

피테우스는 달려가서 술병을 가득 채운 뒤 그들 앞에 놓인 잔에 술을 가득 따랐다.

"친구 아이게우스의 건강을 위해서! 날 믿게. 자네의 소원은 이루어질 걸세."

"저도 그렇게 되리라 믿습니다."

아이게우스는 단숨에 술을 벌컥벌컥 들이켰다.

"그렇게 되리라는 걸 느낄 수 있습니다."

"틀림없이 그럴 걸세."

피테우스는 이렇게 맞장구치며 아이게우스의 잔에 술을 다시 채웠다.

그런데 이 술은 맛이 있을 뿐 아니라 아주 독한 술이었다. 두 번째 잔을 마신 아이게우스는 자기가 무슨 말을 하는지, 무슨 행동을 하고 있는지 모를 지경이 되었다. 피테우스는 술에 취한 아이게우스를 떠메다시피 해서 자기 딸의 침실로 안내했다.

아침에 일어나서 제정신을 차린 아이게우스는 자기가 아이트라와 밤을 보낸 것을 알고 깜짝 놀랐다.

아이게우스가 외쳤다.

"메데이아가 약속을 지켰구나! 난 마법에 의해 아들을 얻게 될 것이고 그는 아테네의 가장 위대한 영웅이 될 것이라고 했지."

그는 잠시 생각한 뒤에 아이트라에게 말했다.

"당신은 틀림없이 내게 아들을 낳아 줄 것이오. 그 생각을 하니 무척 기쁘오. 하지만 당신이 해야 할 일이 있소. 자, 날 따라오시오. 내가 가르쳐 줄 테니."

아이게우스의 칼과 샌들

아이게우스는 아이트라의 손을 잡아끌어 그녀를 커다란 바위 밑으로 데려갔다. 아이게우스는 엄청난 힘을 가진 사람이었지만, 그 큰 바위를 쳐들기 위해서는 온 힘을

쏟아야 했다. 그는 바위 밑에 칼 한 자루와 샌들 한 켤레를 놓고는 말했다.

"내가 바위 밑에 놓은 칼은 우리 집안에 대대로 전해 내려오는 가보요. 이 칼은 아테네의 첫 번째 왕인 케크로프스가 쓰던 것이오. 샌들은 내가 신던 것이오. 내 아들이 열여섯 살이 되면 날 찾아오라고 하시오.

하지만 그 애는 먼저 이 바위를 들어내고 칼과 샌들을 꺼내야 하오. 이 칼을 차고 이 샌들을 신고 와야 내가 그를 알아볼 수 있을 것이오. 그러면 나는 이중의 자랑을 느낄 것이오. 그가 내 아들이라는 것, 또 그가 바위를 들어 올릴 수 있을 만큼 힘이 세다는 것을 알게 될 테니 말이오."

그러나 아이게우스는 메데이아가 한 말의 뜻을 제대로 이해하지 못했다. 아이게우스는 결코 아들을 낳을 수 없지만 아테네의 왕위를 계승할 후계자는 태어나리라는 것이 그녀의 말이었다. 그러니까 그 후계자는 아이게우스의 아들이 아닐 것이라는 이야기였다. 그 영웅은 바다의 신인 포세이돈과 아이트라의 결합으로 태어나도록 되어 있었다. 그러나 아이게우스는 이런 사실을 몰랐다.

아테나 여신이 메데이아의 마법의 힘을 발휘해, 자고 있는 아이트라를 찾아와서 말했다.

"일어나서 해안에서 떨어진 둥근 섬 스파이리아로 가거라. 거기 가서 너의 조상인 펠롭스와 히포다메이아의 결혼을 성사시킨 전차몰이꾼 미르틸로스에게 제물을 바치도록 해라."

아이트라는 아테나가 시키는 대로 했다.

여신이 가라고 한 곳에 도착하니 포세이돈이 기다리고 있다가 그녀를 동굴로 끌고 들어가서 하룻밤을 보냈다. 이것은 다 메데이아의 마법에 의해 이루어진 일이었다.

아홉 달 뒤, 아이트라는 트로이젠 부근의 작은 포구에서 포세이돈의 아들을 낳았다. 그러나 세상에는 이 아이의 아버지가 아이게우스라고 알려지게 되었다. 이 아이의 이름이 테세우스였다.

아이트라는 나중에 자기와 포세이돈이 함께한 장소에 조그만 신전을 지어 아테나 여신에게 바쳤다. 이 신전은 '거짓말하는 아테나의 신전'이라고 불렸는데 그것은 그날 밤 아테나가 한 거짓말 때문이었다. 그 뒤로 이 조그만 섬은 '성스러운 섬'이라 불려 왔다.

　테세우스는 트로이젠에서 어머니와 현명한 외할아버지의 보살핌을 받으며 자라났다. 그는 아주 어렸을 때부터 지능과 힘이 남보다 뛰어났다. 그의 힘과 용감함을 잘 말해 주는 이야기가 있다.

　어느 날 헤라클레스가 피테우스를 찾아와서 의자 위로 사자 가죽을 들어 올려, 문밖에서 보면 진짜 사자처럼 보이게 했다. 그 직후에 몇 명의 아이들이 방 안으로 들어왔다. 그 아이들은 사자 머리를 보고는 겁에 질려 줄행랑을 쳤다. 그들 틈에 테세우스도 끼여 있었는데 그는 도망친 게 아니었다. 그는 그 사자를 죽이려고 도끼를 가지러 간 것이었다. 그때 테세우스는 일곱 살이었다.

　늙은 피테우스가 직접 아이를 가르쳤다. 테세우스는 외할아버지에게서 문학과 과학, 예술을 배웠다. 피테우스는 테세우스의 몸을 민첩하고 강하게 단련시키기 위해서 그 시대의 가장 유명한 운동선수들을 불러들였다. 그래서 아이트라의 아들은 곧 어떤 위험도 헤쳐 나갈 수 있는 용감하고 힘센 아이가 되었다.

작별의 시간

세월이 흘러 테세우스의 나이가 열여섯이 되자 아이트라는 아이게우스가 칼과 샌들을 넣어 놓은 바위로 아들을 데려갔다.

아이트라가 테세우스에게 말했다.

"저 바위 밑에 칼 한 자루와 샌들 한 켤레가 놓여 있단다. 네 아버지인 아테네의 왕 아이게우스가 거기 놓은 것이란다. 너는 이제 저 바위를 들어내고 그것들을 꺼내야 한다. 칼을 차고 샌들을 신고 아테네로 가서 아버지 앞에 나서도록 해라. 그 칼과 샌들을 보고 아이게우스 왕은 네가 자신의 아들이라는 사실을 알게 될 것이다."

테세우스는 아주 건장한 젊은이였으므로 쉽게 그 바위를 옆으로 굴릴 수 있었다. 그는 바위 밑에서 샌들을 꺼내 신고 칼을 허리에 찬 다음 수줍음과 자랑스러움이 뒤섞인 눈길로 어머니를 흘끗 바라보았다.

아이트라는 감탄스러운 눈길로 아들을 바라보았다. 그런 차림을 한 아들이 신처럼 아름다웠기 때문이다. 그녀는 두 눈에 눈물을 글썽인 채 아들에게 두 번 입맞춤했다.

그들이 헤어져야 할 시간이 가까워 오고 있었다.

그의 어머니와 외할아버지 피테우스는 다 같이 테세우스에게 바닷길로 아테네에 갈 것을 권했다.

"지협을 거치는 육로에는 강도와 산적들이 들끓고 있단다. 그 사실을 모르는 사람들만이 그 길로 간단다. 그 길로 가다가 죽음을 당하기 쉽다."

테세우스가 단호하게 대답했다.

"그렇다면 전 육로를 택하겠습니다."

피테우스와 아이트라가 간곡하게 말렸지만 소용이 없었다. 그는 결국 걸어서 아테네를 향해 출발했다.

페리페테스

테세우스가 이웃에 있는 에피다우로스에 이르렀을 때 그는 첫 번째 산적을 만났다.

그 산적은 페리페테스라는 악한으로 커다란 청동 곤봉을 무기로 썼다. 그는 으레 이 길로 지나가는 여행자를 만나면 곤봉을 휘둘러서 죽이곤 했으므로 그에게는 '곤봉잡이'라는 별명이 붙어 있었다.

테세우스는 거인처럼 키가 크고 무시무시하게 생긴 페리페테스가 길 한복판에 떡 버티고 서 있는 것을 보았다. 그러나 그는 조금도 겁을 먹지 않았고 걸음을 늦추지도 않았다. 산적에게 가까이 다가간 그는 이렇게 소리쳤다.

"내가 지나가도록 옆으로 비켜나게!"

테리페테스가 으르렁거렸다.

"내가 이 길에 서 있으면 그 누구도 한 발짝도 앞으로 나갈 수 없느니라. 한 발짝 뒤로 물러설 수도 없지. 바로 그 자리에서 내가 죽여 버리니까. 내가 들고 있는 이 청동 곤봉은 헤파이스토스가 직접 만든 것이다. 아무도 이 곤봉을 피할 수 없지. 이 곤봉 맛이 얼마나 매운지 네 머리로 한번 시험해 볼 때가 왔구나!"

페리페테스는 엄청난 힘으로 테세우스를 향해 곤봉을 휘둘러 댔다.

하지만 범처럼 민첩하게 달려든 테세우스는 그의 손에서 곤봉을 낚아챈 다음, 그 곤봉으로 산적을 후려쳐 그 자리에서 죽어 넘어지게 했다.

"아무도 이 곤봉을 피할 수 없다."라고 장담하던 페리페테스 자신이 그 곤봉에 맞아 죽고 만 것이었다.

산적 하나를 처치하고 기분이 좋아진 테세우스는 청동 곤봉을 어깨에 메고 아테네를 향해 다시 길을 떠났다.

시니스

코린토스 지협 부근에 소나무 숲으로 된 길이 있었다. 거기서 그는 두 번째 산적 시니스를 만났다. 시니스는 '소나무 구부리는 자'라는 별명을 가지고 있었는데, 그가 행인을 죽이는 끔찍한 방법 때문에 생긴 별명이었다.

시니스는 엄청난 힘으로 두 그루의 나무를 땅에 닿도록 구부린 다음, 그에게 잡힌 행인의 다리를 각기 하나씩 나무 꼭대기에 잡아맨 다음 구부렸던 나무를 놓았다. 그러면 나무가 펴지면서 불운한 여행자는 두 갈래로 찢어져 죽고 말았다.

시니스는 테세우스도 이런 방식으로 죽이려고 했다. 그가 소나무 한 그루를 땅까지 구부리면서 말했다.

"내 힘이 얼마나 센지 보라구!"

그가 떡 벌어진 테세우스의 어깨를 보고 물었다.

"자네, 이 구부러진 나무를 붙들고 있을 힘이 있겠나?"
"있지요."
테세우스가 나무를 붙잡으면서 말했다.
"그럼 난 이 나무를 구부리겠네."
시니스가 또 다른 나무를 움켜잡으면서 말했다.

테세우스는 시니스가 무슨 짓을 하려는지 알아챘다. 처음에 그는 산적이 왜 나무를 구부리는지 알지 못했다. 강한 손아귀로 시니스를 움켜잡은 테세우스는 그가 허리에 차고 있던 밧줄을 낚아채 순식간에 그의 두 발을 나무 꼭대기에 붙들어매었다. 그런 다음 나무를 놓아 버리자 시니스는 자기가 수많은 행인에게 쓰던 방법에 의해 끔찍한 죽음을 맞고 말았다.

사나운 멧돼지

아테네를 향해 다시 길을 나선 테세우스는 '크롬미온'이라는 양파 경작자의 마을에 이르렀다. 그 마을 사람들은 절망에 빠져 있었다.

마을 사람들이 테세우스에게 말했다.

"사나운 멧돼지 한 마리가 우리 땅을 황무지로 만들고 있어요. 그놈이 주둥이로 계곡 전체를 뒤집어 놓았답니다. 그래서 우리 밭에서는 아무것도 자라지 못한답니다. 우리들은 굶어 죽을 수밖에 없어요. 그놈은 보통 멧돼지가 아니라 무서운 괴물이에요. 티폰과 에키드나 사이에서 태어난 괴물이지요. 그놈과 맞선 사람은 모두 죽음을 당하고 말았지요."

"그렇다면 내가 그놈을 죽이겠습니다."

테세우스는 이렇게 말하고는 즉시 괴물을 찾으려고 들판을 가로질러 갔다.

마을 사람들은 이 용감한 젊은이가 무서운 멧돼지를 죽일 가능성은 전혀 없다고 생각했다. 따라서 이튿날 테세우스가 들판을 가로질러서 돌아올 때 그가 어깨에 메고 있는 게 멧돼지라고는 아무도 생각하지 않았다.

테세우스가 마을에 당도해서 죽은 멧돼지의 시체를 그들의 발밑에 내던지자 마을 사람들은 놀라서 벌어진 입을 다물지 못했다.

마을 사람들은 너무나 고마워서 이 젊은 영웅을 둘러싸

고 계속 감사하다는 말을 되풀이했다. 하지만 테세우스는 어서 갈 길을 가야겠다는 생각뿐이었다. 그래서 그들이 놓아주자마자 테세우스는 서둘러 다시 아테네로 떠났다.

스키론

얼마 더 가서 테세우스는 오늘날 '위험한 계단'이라 부르는 유명한 고개에 이르렀다.

그 시대에는 바위 사이에 좁은 길이 나 있었고 그 뒤로는 높은 산봉우리들이 있었는데, 한편은 깎아지른 절벽으로 바다까지 이어졌다.

오늘날에는 절벽을 깎아서 도로를 만들었기 때문에 자동차들이 빠른 속도로 이곳을 통과할 수 있다. 하지만 먼 옛날에는 이 고개가 너무나 위험해서 사람들은 한 발짝만 잘못 내디뎌도 절벽으로 떨어져 죽게 되는 이 길을 택하기보다는 차라리 산을 올라가서 다른 편으로 내려가는 쪽을 택했다.

이 고개는 옛날 사람들에게 '스키론의 바위'로 알려져 있었다. 통로 자체가 위험한 것만으로는 부족하다는 듯이

'스키론'이라는 악한이 이곳에 숨어서 위험한 길을 택한 대담한 사람들을 이상하고 교활한 방법으로 죽였기 때문이다.

스키론은 자기가 만나는 여행자들로 하여금 앉아서 자기 발을 씻게 했다. 이때 그는 여행자가 등을 바다로 향하고 절벽 가장자리에 앉도록 했다. 여행자가 이 모욕적인 일을 다 마치면 그는 고맙다고 하기는커녕 여행자를 발로 세게 차서 바다로 곤두박질치게 했다. 그러면 바다에서는 늘 거대한 거북이 기다리고 있다가 떨어지는 사람을 순식간에 먹어치웠다.

스키론은 테세우스도 그렇게 만들 요량으로 그가 다가오기를 기다렸다.

스키론이 거칠게 말했다.

"여길 지나가고 싶으면 넌 먼저 내 발을 씻어야 한다."

테세우스가 대답했다.

"좋습니다. 씻겨 드리죠. 하지만 이번에는 당신 생각대로 되지 않을 것입니다."

"어떻게 될지는 잠시 뒤면 알게 되겠지."

스키론은 이렇게 으르렁거리며 한 발을 테세우스에게 내밀었다. 그는 테세우스가 너무 어리다고 대수롭지 않게 여겼다.

"좋습니다. 어디 봅시다!"

테세우스는 이렇게 말하면서 엄청난 힘으로 스키론이 내민 발을 잡아서 그를 바위 밑으로 내던져 버렸다. 스키론은 바다로 떨어졌고 기다리던 거북이 그를 한입에 삼켜 버렸다.

이렇게 잔혹한 살인자는 자신이 수많은 사람들에게 내렸던 죽음을 스스로 맞게 되었다.

케르키온

테세우스는 스키론을 처치한 것을 만족스럽게 생각하면서 다시 아테네로 향했다. 그가 엘레우시스 부근에 이르렀을 때 또 다른 위험이 앞을 가로막았다. 이번에 상대해야 할 사람은 무서운 씨름꾼 케르키온이었다.

케르키온은 이곳을 지나는 사람을 가로막고 씨름을 하자고 제안해서 그를 죽이는 무서운 악한이었다. 지금까지 그와 씨름을 한 사람치고 살아남아서 그 이야기를 전한 사람은 한 명도 없었다.

테세우스가 아직 어리다고 생각한 케르키온은 그를 비웃으며 말했다.

"내 명성에 걸맞은 적수가 이렇게 없단 말인가! 풋내기와 약골을 죽이는 건 이제 신물이 난다구."

테세우스가 화난 목소리로 대꾸했다.

"무슨 근거로 당신이 명성이 나 있다고 생각하는 거죠? 언제부터 범죄자들이 명성을 갖게 됐죠?"

"어린 것이 건방지기까지 하군."

케르키온이 경멸하는 말투로 말했다.

"날 건방지다고 하고 싶으면 그렇게 하시오. 버릇없다고 해도 좋아요. 당신에게 그럴 수 있는 기회가 주어진다면 말이에요."

이 말과 함께 케르키온에게 달려든 테세우스는 그의 두 다리를 잡고 공중 높이 들어 올렸다가 땅에 내동댕이쳤다. 너무나 세게 땅에 부딪힌 케르키온은 곧 숨을 거두고 말았다.

프로크루스테스

이렇게 또 한 명의 악한을 처치한 테세우스는 아이갈레오스 산을 넘어 아테네로 향하는 내리막길을 내려가기 시작했다. 그러나 또 다른 악한 프로크루스테스가 기다리고 있었다.

프로크루스테스는 테세우스를 보자 그를 막아섰다. 테세우스는 피 묻은 침대가 가까이 있는 것을 보았다.

프로크루스테스가 말했다.

"자, 이리 와서 여기 누워."

그러나 테세우스는 거기 누우면 어떻게 될지 잘 알고 있었다. 프로크루스테스는 지나가는 여행자를 침대에 눕힌 뒤 그를 묶고 끔찍한 방식으로 죽이곤 했기 때문이다. 그는 여행자가 침대보다 작으면 엄청난 힘으로 그를 잡아 늘여 침대에 맞추려고 했다. 그러면 불운한 여행자는 고통 속에서 죽게 마련이었다. 반대로 여행자가 침대보다 더 크면 톱을 꺼내 침대에 맞도록 그를 잘랐다.

프로크루스테스가 다시 말했다.

"여기 누워서 쉬라구."

테세우스는 더 시간을 보내지 않고 그를 꽉 붙잡아서 공중으로 들어 올렸다가 침대에 팽개쳤다. 프로크루스테스는 덩치가 침대보다 더 컸으므로 테세우스는 그가 과거에 죄 없는 여행자들에게 했던 것과 똑같이 몸의 남는 부분을 톱으로 잘라 버렸다.

이것이 테세우스가 아테네로 가는 도중에 한 마지막 영웅적인 행위였다. 이미 아크로폴리스 꼭대기에 아테나 여신의 신전이 있는 아테네가 보였기 때문이다.

피탈리드들의 손님

테세우스는 '성스러운 길'을 따라 걸어갔다. 케피소스강에 놓인 다리 근처 강둑에 조그만 집들 몇 채가 늘

어서 있었다. 소박하고 근면한 사람들인 피탈리드들의 집이었다.

피탈리드의 조상인 피탈로스는 손님을 가장 잘 접대한 사람으로 꼽혔다. 그는 자기 딸 페르세포네를 찾아 고통스러운 방랑을 하던 데메테르 여신까지 따뜻이 맞아들여 잘 대접한 사람이었다.

그 자손들의 피에도 손님을 환대하는 마음이 그대로 흐르고 있었다. 피탈리드들은 강을 건너려는 여행자가 있으면 반드시 그를 집 안으로 맞아들여 쉬도록 하면서 잘 대접했다. 그들은 테세우스에게도 그렇게 대접했다.

식탁 앞에 앉았을 때 테세우스가 그들에게 자기가 가려는 곳을 말하자 그들 가운데 한 사람이 물었다.

"젊은이, 자넨 어디서 왔나?"

"트로이젠에서 왔습니다."

테세우스가 간단히 대답했다.

그러자 피탈리드들은 서로 눈길을 주고받았다.

또 다른 사람이 말했다.

"거기서 오는 길에는 산적들이 들끓을 텐데."

"그랬지요. 하지만 지금은 다 없어졌습니다."

"그게 무슨 말이지?"

"말씀드리죠."

테세우스는 자신이 오는 도중에 겪은 일을 모두 이야기했다.

테세우스가 놀라운 영웅담을 이야기하는 동안 피탈리드들은 입을 벌린 채 귀를 기울였다. 테세우스가 긴 이야기를 끝내자 누군가가 물었다.

"그럼 이제 펠로폰네소스로 가는 길이 열렸단 말인가?"

"열렸습니다."

그러자 그들은 모두 감사와 놀라움이 뒤섞인 눈길로 이 겁없는 젊은이를 바라보았다. 이어 피탈리드들은 테세우스가 저지른 살인의 피와 죄를 씻어 주는 의식을 벌이겠다고 제의했다. 그들은 모든 격식을 갖추어 정화 의식을 시작했다. 그들은 케피소스강에서 테세우스를 씻은 다음 제우스 및 다른 신들에게 제물을 바쳤다.

이렇게 해서 테세우스가 저지른 모든 살인은 용서되었다. 사실 이런 의식은 꼭 필요했다. 왜냐하면 악한 가운데도 어떤 신의 보호를 받는 자가 있게 마련이고, 이럴 경우 그 신이 테세우스에게 복수를 할지도 모르기 때문이었다.

아테네에서

정화 의식을 치른 테세우스는 새 옷으로 갈아입고 피탈리드들에게 감사하다는 인사를 한 뒤 작별했다. 그런 다음 그는 아테네시를 향해 걸어갔다.

도시 입구에서 몇 명의 석수장이들이 아폴론 신전을 짓고 있었다. 테세우스가 지나갈 때 그들은 마침 신전의 지붕을 얹고 있었다. 깨끗하게 목욕하고 긴 예복을 차려 입은 낯선 젊은이를 본 석수장이들은, 이런 차림을 한 남자를 아테네에서 보기 어려웠으므로 그를 여자로 오해하고 농담을 던지기 시작했다.

그들의 행동에 화가 난 테세우스는 그들의 생각과 행동이 잘못되었다는 것을 보여 주기 위해 근처에 세워진 마차를 머리 위로 번쩍 들어 올렸다가 신전 지붕 위로 던져 올렸다.

긴 예복을 입은 젊은이의 힘을 보고 정신이 아찔해진

석수장이들은 자신들 앞에 서 있는 사람이 여자가 아니라 신처럼 아름답고 티탄처럼 힘이 센 영웅임을 깨달았다.

이런 영웅이 아테네에 왔으니 앞으로 이 도시에 좋은 일이 있을 것이라고 생각했다.

궁전에서

한편 피탈리드들은 아이게우스에게 한 젊은이가 그를 만나러 왔다는 소식을 전했다. 그들은 또 젊은이의 나이는 비록 얼마 안 되었지만 아주 용감하고 힘이 세서 아테네와 펠로폰네소스를 잇는 도로에 숨어 있던 산적들을 모조리 소탕해 버렸다는 사실도 알렸다.

테세우스가 도착했다는 전갈을 받자 아이게우스는 왕의 식탁 옆자리에 그를 앉히라고 신하들에게 명령했다. 그는 테세우스가 자기 아들일지도 모른다는 생각은 전혀 하지 않았다. 사실 그는 그때까지 아이트라가 아이를 낳았는지 조차 모르고 있었다.

아이게우스는 이제 메데이아와 결혼해서 살고 있었다. 그는 그녀가 자기가 그렇게도 바라는 아들을 얻게 해 줄 수 있을 것이라는 바람에서 그녀에게 했던 약속을 지켰다.

이제 아이게우스는 나이가 많았으므로 궁전의 일을 좌지우지하는 것은 메데이아였다. 사실 메데이아가 아테네 전체를 다스리고 있다고 해도 과언이 아니었다.

메데이아는 테세우스를 보자마자 그의 정체를 짐작하고 도시가 이런 후계자를 얻는다면 자기가 아테네에서 지배자 노릇을 하지 못하게 되리라는 것을 알았다.

메데이아는 주저하지 않고 그를 없애 버리기로 작정했다. 그녀는 자기의 목적을 이루기 위해 남편이 팔라스 가문에 대해 가진 두려움을 이용하기로 했다. 팔라스는 왕의 동생이었지만 지금은 철천지원수가 되어 있었다. 아이게우스가 후계자를 두지 못한 것을 알고 있는 팔라스는 그의 왕위를 빼앗아서 자기의 50명의 아들에게 물려주려고 시도했다. 이미 한차례 권력을 빼앗으려 한 적이 있는 것이다.

그러나 그 시도가 실패하자 팔라스는 아테네에서 물러나 아티카에 마을을 건설했다. 그곳은 그 뒤로 '팔리니'라고 알려져 있다. 그렇지만 두 형제 사이의 증오의 불꽃은 꺼지지 않고 훨훨 타오르고 있었다. 아이게우스는 팔라스와 그의 아들 50명을 늘 두려워했다.

이 모든 사실을 알고 있던 메데이아는 테세우스가 팔라스가 보낸 암살자라는 거짓말을 꾸며 내어 아이게우스에게 들려주었다.

메데이아가 왕에게 속삭였다.

"폐하의 목숨을 보전하시려면 그를 죽여야 해요. 하지만 폐하께서 직접 죽이시는 게 남의 눈에 좋게 보이지 않을 것 같아서 제가 그가 마실 포도주에 바곳 몇 방울을 떨어뜨려 놓았지요. 바곳은 세상에서 가장 무서운 독이랍니다."

손님들이 제각기 식탁 앞에 자리를 잡았다. 테세우스도 그중에 끼여 있었다. 아이게우스는 마음이 어지러웠다. 곧 일어날 일이 전혀 즐겁지 않았다. 하지만 그에게 달리 선택할 길이 없었다.

팔라스가 자신을 죽이고 왕위를 차지하도록 내버려 둘 수는 없는 노릇이었다. 메데이아의 뜻대로 따르는 수밖에 없었다.

하지만 양심의 가책 때문에 아이게우스는 테세우스를

똑바로 바라볼 수 없었다. 그래서 그는 테세우스가 차고 있는 칼과 그가 신은 샌들을 보지 못했다.

하지만 그는 테세우스를 자기 옆자리로 불렀다. 그 자리에 독이 든 술잔이 놓여 있었기 때문이다.

아버지와 아들의 만남

관례대로 낯선 젊은이를 환영하는 축배를 드는 순간이 왔다. 모두 술잔을 높이 치켜들었다. 테세우스도 술잔을 들어 올렸다.

메데이아의 시선은 테세우스에게 고정되어 있었다. 그녀는 젊은이가 자기가 준비한 독이 든 술을 마시는 모습을 보고 싶어 안달이 나 있었다.

하지만 아이게우스는 여전히 테세우스를 똑바로 보지 못하고 있었다. 테세우스는 왕의 태도가 이상하다고 생각했다. 왕이 자기를 환영하지 않고 냉랭하게 대한다고 생각한 그는 자기의 정체를 밝히기로 작정했다. 그래서 그는 술을 마시는 대신 차고 있던 칼을 꺼내 테이블 위에 올려놓았다.

그 칼을 본 아이게우스는 깜짝 놀랐다. 여러 해 전에 그가 트로이젠의 바위 밑에 숨겨 놓았던 바로 그 칼이었기 때문이다. 즉시 그는 젊은이의 발을 내려다보았다. 젊은이는 낯익은 샌들을 신고 있었다.

"오, 위대한 제우스여!"

아이게우스는 테세우스가 들고 있던 술잔을 쳐서 바닥에 떨어뜨리면서 소리쳤다.

다음 순간 아들과 아버지는 서로 부둥켜안았다.

그들이 서로 포옹하자 비명이 흘러나왔다. 모든 일이 틀어졌다는 것을 안 메데이아의 입에서 나온 비명이었다. 그녀는 두 손으로 얼굴을 가린 채 밖으로 달려나갔다. 그녀는 아테네 밖으로 도망쳤고 다시는 눈에 띄지 않았다.

아무도 그녀가 떠난 것을 섭섭해하지 않았다. 기쁨에 들뜬 아이게우스는 전 시민이 모인 자리에서 영웅적인 행동을 한 젊은이가 자기 아들이며 따라서 그를 아테네의 왕위 계승자로 선포한다고 발표했다.

이어 성대한 잔치가 베풀어졌다. 모든 시민들이 미래 아테네의 왕인 젊은 영웅의 등장을 축하할 수 있도록 모

든 동상을 꽃으로 장식했다. 또한 모든 제단에 불을 밝혔으며 수많은 황소를 제물로 바쳤다.

테세우스의 영웅적인 행동은 곧 모든 도시에 퍼졌고 음유시인들은 음악에 맞추어 그 이야기를 노래했다. 여러 날 동안 다른 노래는 들리지 않고 다만 아이게우스 아들의 놀라운 영웅담만 울려 퍼졌다.

아테네의 영웅 테세우스

팔라스 일당의 반발

아테네의 모든 시민들이 테세우스의 도착을 기쁨으로 맞이했지만, 그 소식은 팔라스와 그의 아들들에게는 커다란 충격이었다. 아이게우스에 대한 증오심이 다시 불타올랐고 이제 그들이 증오하는 대상에는 테세우스도 포함되어 있었다.

팔라스의 아들들은 이렇게 떠들어 댔다.

"그 낯선 녀석이 누구야? 도대체 어디서 굴러온 뼈다귀냐구?"

"아이게우스는 자식이 없다구. 그런데 갑자기 아들이 있다고 소개하다니……. 그것도 다 큰 아들이 있다니 그게 말이 되는 소리야?"

"우리가 아테네를 통치하지 못하게 하려는 속임수가 분명해!"

"그 녀석이 산적을 죽였다는 건 새빨간 거짓말이야!"

"모두 꾸며 낸 이야기라구. 기념행사와 잔치는 꾸며 낸 이야기를 사람들에게 퍼뜨리기 위한 수작이라구."

"우린 그게 장난이란 걸 알고 있어. 설사 그 이야기가 사실이라고 해도 우린 그놈을 그냥 놔둘 수 없어!"

"싸우자! 이방인을 물리치자!"

"아직 시간이 있을 때 서둘러야 해. 미적거리다가 우린 아테네 왕위에 대한 권리를 잃을 거야."

그들은 아테네의 왕위를 차지하기 위한 계획을 세웠다. 그러고는 많은 군대를 모은 뒤 아테네를 공격하기 위해 출발했다.

그러나 팔라스와 그의 아들들이 아테네로 쳐들어올 준비를 하고 있다는 소식이 전해지자, 아테네의 전 시민은 그들과 맞서 싸울 준비를 했다. 아이게우스는 테세우스를 아테네군 사령관으로 임명했다. 테세우스는 도시 주위에 방어 진지를 구축하고 적군이 도시로 접근할 수 있는 길을 막았다.

팔라스의 군대가 아직 보이지 않을 때, 팔리니 근처에 사람이 아테네 군 진영으로 왔다. '레오스'라는 그 사람은 군사령관에게 할 이야기가 있다고 했으므로 군사들이 그를 테세우스에게로 데려갔다.

레오스가 말했다.

"나는 아테네 편입니다. 팔라스의 군대가 아테네를 점령한다면 아티카 전 지역이 폐허가 되고 말 겁니다. 그래서 나는 당신을 돕기 위해 온 겁니다. 그들은 교활한 계획을 세워 놓고 있어요. 내가 당신에게 그 계획에 대해 얘기해 주지 않는다면, 당신은 패배하고 말 겁니다.

팔라스와 그의 아들 중 반은 소수의 선발대를 이끌고 스페투스 방면에서 도시를 공격할 겁니다. 나머지 25명의 아들과 다수의 군대는 가르게투스에 머물러 있을 겁니다. 그들은 선발대를 퇴각시켜 당신의 군대가 그들을 추격해

갈 때까지 꼼짝도 않고 있다가 군대가 모두 성 밖으로 나가면 텅 빈 도시를 공격할 겁니다."

테세우스가 어떻게 해야 할지는 분명했다. 그는 소수의 군대만을 배치해서 스페투스 방면으로 쳐들어오는 적군을 막도록 했다. 그리고 자신은 나머지 군대를 이끌고 가르게투스로 가서 마음 놓고 있던 적군을 기습했다.

팔라스의 아들들은 용감하게 싸웠으나 테세우스는 낫으로 풀을 베듯 그들을 쓸어 버렸다. 팔라스군은 완전히 패배했다. 가르게투스에 머무르던 군대가 크게 패하자 스페투스에 있던 팔라스의 나머지 군사들은 줄행랑을 쳐서 팔리니로 돌아갔다.

팔라스와 아들들은 전쟁에 패하자 분노를 참을 수 없었다. 그들은 레오스가 그들의 계획을 알려 준 데 대해 더욱 분을 참지 못했다. 야망이 좌절된 팔라스는 마을 사람들에게 화풀이를 했다. 그는 팔리니 사람들과 레오스의 마을인 하그노우스 사람들과의 혼인을 금지했다.

팔라스와 그의 아들들은 '레오스'라는 이름만 들어도 치가 떨렸으므로 전령들이 "들어라, 오 시민들이여."라고 말하는 것조차 금지해 버렸다. 왜냐하면 시민들을 뜻하는 그리스어 '라오스'가 그들이 싫어하는 인물인 '레오스'와 발음이 비슷했기 때문이었다.

마라톤의 황소

한편 아테네에서는 테세우스가 영웅이 되어 시민들로부터 찬양을 받았다. 그러나 그에게는 아직도 해야 할 모험이 기다리고 있었다.

마라톤에서 미친 황소 한 마리가 주민들에게 큰 피해를 주고 있었다. 이 황소는 헤라클레스가 에우리스테우스의 명령에 따라 크레타에서 미케네로 산 채로 잡아온 황소였다.

그런데 겁쟁이 왕 에우리스테우스가 그 황소를 놓아 주었던 것이다. 그 뒤로 수백 명의 사람이 황소 뿔에 받혀 목숨을 잃었다. 미노스의 아들 안드로게오스도 황소에게 죽임을 당했다. 이 황소를 죽이려 한다거나 산 채로 잡으려 한다는 것은 미친 짓이었다.

그러나 테세우스는 그 일을 하러 나섰다. 아이게우스는

아들을 마라톤으로 떠나보내고 싶지 않았다.

그가 테세우스에게 말했다.

"그 황소는 네가 알고 있는 것보다 더 큰 슬픔을 우리에게 안겨 주었단다. 나는 네가 가서 슬픔을 또 하나 보태기를 원하지 않는다."

테세우스가 말했다.

"아버지, 그놈을 살려 둔다면 앞으로도 더 많은 슬픔을 일으킬 겁니다. 저는 가야 합니다. 저는 그놈을 이길 수 있습니다."

아이게우스가 한숨을 쉬며 말했다.

"그럴지도 모르지. 딱한 일이다! 내가 무슨 말을 할 수 있겠니? 그렇게 오랫동안 기다려 온 아들을 이렇게 보내다니……."

그러자 늙은 신하가 일어나서 말했다.

"왕께서는 아들을 기다리셨고 결국 훌륭하고 용감한 아드님을 얻으셨습니다. 저분은 진정한 영웅이십니다. 하지만 왕께서는 아드님을 부드러운 의자에 앉혀 놓는 것으로 아버지의 사랑을 나타내려 하십니까? 그보다는 그분의 용감한 행동을 찬양하셔야죠. 누가 그 황소를 죽일 수 있겠습니까? 왕께서는 그 괴물이 마음대로 돌아다니며 우리 모두에게 슬픔을 계속 안겨 주기를 바라십니까?"

아이게우스는 결국 테세우스를 격려하면서 그에게 마라톤으로 떠나도 좋다고 허락했다. 용기와 희망에 들뜬 테세우스는 황소를 죽이려고 길을 나섰다.

마라톤으로 가는 길에 그는 '헤칼레'라는 가난한 노파를 만났다. 헤칼레는 펜테리콘산 밑의 보잘것없는 오두막에서 살고 있었다.

테세우스는 헤칼레에게 다정하게 인사를 건네고 자기가 가지고 간 음식을 나누어 먹었다. 그러고는 자기가 어디로 가고 있으며 가는 목적이 무엇인지를 말했다.

헤칼레가 소리쳤다.

"안 돼, 젊은이! 당신은 젊고 미남이야. 그 황소와의 쓸데없는 싸움에 당신의 아까운 청춘을 던져 버리지 말라구!"

그러나 헤칼레는 그런 말이 아무 소용 없다는 것을 알고는, 자기가 비록 가난하지만 테세우스가 건강한 몸으로 무사히 돌아오는 것을 보기만 한다면 숫양 한 마리를 제우스에게 제물로 바치겠다고 약속했다.

헤칼레는 작별 인사를 하면서 테세우스의 뺨을 어루만졌다. 만약 눈물로 자기 얼굴이 젖어 있지만 않았다면, 헤칼레는 아들에게 하듯이 그에게 입을 맞추었을 것이다.

헤칼레는 제우스에게 제물을 바치지 못했다. 테세우스가 돌아오기 전에 죽어 버렸기 때문이다. 그러나 테세우스는 헤칼레가 자기에게 보여 준 친절을 결코 잊지 못했다. 그래서 뒷날 아테네의 왕이 되었을 때 헤칼레를 만났던 장소로 찾아가서 그 자리에 신전을 지었다. 그리고 그 신전에 '헤칼레의 제우스 신전'이라는 이름을 붙였다. 그는 또한 노파를 기리는 축제인 헤칼레 운동 경기 대회도 만들었다.

테세우스는 왜 이런 일을 했을까? 헤칼레가 그에게 준 게 무엇이길래 노파를 위해 그런 일을 했을까? 헤칼레가 실제로 어떤 도움이 되는 물건을 그에게 준 것은 아니었다. 그러나 때로는 눈물 한 방울, 뺨을 한 번 쓰다듬어 주는 일이 엄청난 가치를 갖는 법이다.

테세우스는 그러한 가치를 알아보았던 것이다. 이렇게 해서 헤칼레는 영원히 잊히지 않는 인물이 되었다. 수천 년이 지난 지금도 헤칼레가 살았던 곳에는 그녀의 이름이 붙어 있기 때문이다.

테세우스는 전에 헤라클레스가 그랬던 것처럼 황소를 산 채로 붙잡았다. 강철 집게 같은 손으로 두 뿔을 잡고 황소를 단단히 묶은 다음 아테네로 데려왔다. 황소를 끌고 의기양양하게 아테네 거리를 행진한 테세우스는 아크로폴리스로 그 황소를 끌고 갔다. 그리고 모여든 아테네 시민들이 환호하는 가운데 아테나 여신의 제단에 제물로 바쳤다.

그러나 그들의 기쁨은 오래가지 않았다. 불운의 날들, 절망과 슬픔의 날들이 다가오고 있었기 때문이다. 그런 불운이 닥친 이유는 다음과 같다.

3년 전, 테세우스가 아직 트로이젠에 살고 있을 때 아테네에서 대규모 운동 시합이 열렸다. 시합 참가자 가운데 크레타의 강력한 왕인 미노스의 아들 안드로게오스가 있었다. 그는 모든 경기에 참가해서 1등을 차지했다. 아이게우스와 아테네 사람들은 이것이 달갑지 않았다. 기분이 몹시 상한 아이게우스가 이렇게 소리쳤다.

"네가 진정한 챔피언이라면 너는 마라톤의 황소도 죽일 수 있어야 한다."

그때까지의 승리에 의기양양해진 안드로게오스는 마라톤으로 곧장 달려갔다. 그러나 거기서 그의 승승장구하던 운수는 끝장나고 말았다. 무시무시한 황소와 싸우다가 죽고 말았던 것이다.

그 소식을 들은 크레타의 미노스 왕은 복수를 맹세했다.

"아테네 놈들은 이 대가를 톡톡히 치르게 될 것이다."

그는 이렇게 선언하고 즉시 전쟁 준비를 시작했다.

머지않아 크레타의 수많은 전함이 팔레론 앞바다에 나타났다. 미노스 군은 재빨리 육지로 상륙해서 아테네를 향해 진군해 왔다. 준비가 안 되어 있던 아테네 사람들은 절망적인 상황에 빠졌다. 강력한 크레타 군을 맞은 아테네 병사들과 시민들은 다 같이 도시의 성벽 안에 피신하는 것 외에 달리 방도가 없었다.

미노스의 군대는 아테네를 포위했고 이어 지루한 공격이 시작되었다. 얼마 되지 않아 굶주림과 질병으로 많은 아테네 사람들이 죽어 갔다. 절망에 빠진 아테네 사람들은 신탁을 들어 보았다. 그랬더니 그들의 고통은 안드로게오스를 자극해서 마라톤으로 보내 황소와 싸우다 죽게 한 데 대한 신들의 벌이라는 것이었다. 따라서 크레타 왕의 요구를 들어주어야 포위가 풀릴 것이라고 했다.

미노스의 요구

　그러나 미노스의 요구를 들은 아테네 사람들은 겁에 질렸다.

　"너희들 가운데 가장 훌륭한 젊은이를 남자와 여자 각각 일곱 명씩 내게 보내라. 그들은 나와 함께 크레타로 가서 미노타우로스의 밥이 될 것이다. 이런 일을 앞으로 9년 동안 해마다 반복해야 한다."

　이 소식을 들은 아테네 사람들은 깊은 슬픔에 잠겼다. 그러나 그들은 신탁의 예언에 따라 미노스의 최후통첩에 굴복하는 수밖에 없었다.

미노타우로스는 머리가 황소이고 몸은 사람인, 사람을 먹는 무시무시한 괴물이었다. 그 괴물은 미궁에 살고 있었다. 미궁은 너무 크고 복잡하게 설계되어 있어서 거기 들어간 사람은 누구도 빠져나오는 길을 찾을 수 없었다.

그로부터 3년이 지나 이제 아테네 사람들이 세 번째로 미노타우로스에게 바치는 젊은 남녀 일곱 명씩을 보내야 할 날이 다가왔다.

미노타우로스의 밥이 될 사람들을 뽑는 날이 왔는데도 테세우스는 아무것도 모르고 있었다. 아이게우스가 그가 듣는 데서는 아무도 그 이야기를 꺼내지 못하도록 금지해 놓았기 때문이었다.

하지만 테세우스는 도시 전체를 뒤덮은 우울한 분위기를 느꼈다. 거리로 나간 그는 만나는 사람마다 불러 세우고 무슨 일이 있느냐고 물었다. 사람들은 시선을 떨구고 머리를 저을 뿐 아무 대답도 하지 않았다. 그러다가 테세우스는 자기 자식이 크레타로 가도록 뽑힌 불운한 아버지를 만났다. 그는 자신을 억제하지 못하고 이렇게 소리쳤다.

"이런 불공평한 일이 어디 있어! 왜 아이게우스의 아들은 빠지고 우리 자식들만 미노타우로스의 밥이 되어야 하는 거야?"

테세우스는 자기 귀를 의심했다. 사람들이 모여들었고 테세우스는 그들에게 일의 자초지종을 자세히 말하라고 명령했다.

마침내 진실을 알게 된 테세우스가 소리쳤다.

"나도 크레타로 가겠다! 다른 사람들과 함께 죽든지 아니면 이 피비린내 나는 멍에로부터 아테네를 해방시키든지 결판을 내고 말겠다!"

이 소식을 전해 들은 아이게우스는 겁에 질렸다. 그는 다시 한번 아들을 말렸지만 소용이 없었다. 슬픔을 감추고 아들의 청을 들어주는 수밖에 없었다.

테세우스는 크레타로 가는 남자 젊은이 일곱 명 가운데 한 사람이 되었다. 그는 맨 먼저 아테네에서 가장 용감하고 체격이 좋은 두 명을 뽑았다. 그들은 단 한 번의 타격으로 사람을 죽일 수 있는 용사들이었다. 테세우스는 그들에게 여자 옷을 입혀 변장시킨 다음 제물로 뽑힌 두 여자

를 대신하게 했다.

 다음에 그는 그들이 남자라는 사실이 발각되지 않도록 세심한 준비를 했다. 그들에게 여자 걸음걸이를 가르쳤고 여자 말씨도 연습시켰다. 여자처럼 보이도록 머리도 잘 손질했다.

 모든 준비가 끝나자 그들은 함께 아폴론 신전으로 가서 황금빛 머리를 가진 신에게 줄이 매어진 올리브 가지, 즉

'맹세의 가지'를 바쳤다. 테세우스가 어느 신에게 도움을 청해야 하는가를 신탁에 묻자, 사랑의 여신인 아프로디테의 도움과 지도를 구하라는 대답이 나왔다.

마침내 젊은이들이 크레타를 향해 항해를 시작할 때가 왔다. 테세우스는 그들에게 용기를 주려고 애썼다. 그는 젊은이들에게 이번에는 그 누구도 해를 입지 않을 테니 겁내지 말라고 말했다. 그는 아테네 시민들에게도 똑같은 희망의 메시지를 전했고 젊은이들의 부모들도 안심시키려고 애썼다.

그러나 어떤 말도 부모들의 슬픔을 달랠 수는 없었다. 그들 가운데 누구도 자식이 목숨을 보전할 수 있으리라고 믿지 않았기 때문이다. 사실 아테네 시민들은 더욱 큰 슬픔에 잠겨 있었다. 아테네의 자랑이며 희망인 테세우스 또한 목숨을 잃게 될 것이라고 생각했기 때문이었다.

아이게우스 왕은 절망과 희망 사이를 왔다 갔다 하고 있었다. 그는 테세우스가 기적을 일으킬지도 모른다는 한 가닥 희망을 품고 있었다. 젊은이들이 탄 배의 돛은 전에도 그랬듯이 재난과 죽음의 상징인 검은색이었다. 그는 테세우스에게 흰색 돛도 주었다. 만약 그들이 살아서 돌아올 경우 그 돛을 올리라는 것이었다.

젊은이들이 모두 배에 올랐다. 그런데 이상하게 생각될지 모르지만 그것은 아테네의 배가 아니었다. 아테네는 뒤에 막강한 해군력을 가진 도시가 되었지만, 이때만 해도 배를 한 척도 가지고 있지 않았고 바다의 신비를 아는 사람도 전혀 없었다.

다른 섬 출신인 경험 많은 항해자 파에악스가 그들을 자기 배로 크레타까지 데려다주겠다고 나섰다. 그건 젊은이들에게는 아주 다행한 일이었다.

만약 그가 나서지 않았더라면 그들은 크레타의 배를 이용할 수밖에 없었다. 당시에 쉽게 이용할 수 있는 배라고는 크레타의 배밖에 없었기 때문이다.

크레타의 배를 탔다면 미노타우로스를 죽이고 젊은이들을 무사하게 다시 아테네로 데려오겠다는 테세우스의 계획에 큰 지장을 주었을 것이다.

테세우스, 미노스에게 대들다

그들이 크레타에 상륙하자 미노스가 물가에서 그들을 기다리고 있었다. 젊은이들이 배에서 내리자 미노스는 그들을 한 명씩 세심하게 살펴보았다. 테세우스는 여자로 변장한 두 청년이 발각될까 걱정되었지만 변장이 워낙 완벽해서 미노스는 아무런 의심도 품지 않았다.

그러나 다른 사람이 그의 시선을 끌었다. 아름다운 에리보에아였다. 미노스는 한 손을 뻗어 에리보에아를 어루

만지기 시작했다. 즉시 테세우스가 그들 사이에 끼어들었다.

테세우스가 위엄 있게 말했다.

"우리가 여기 온 것은 죽임을 당하기 위해서지 수치를 당하기 위해서가 아닙니다."

미노스가 으르렁거렸다.

"네가 누군데 감히 나에게 이래라저래라 하느냐? 너는 내가 강대한 크레타의 왕이라는 걸 잊었느냐! 그것으로 충분치 않다면 알려 주마. 난 제우스의 아들이기도 하다. 넌 아직 그 사실을 모르는 것 같구나!"

그런 다음 미노스는 하늘을 우러러보며 두 팔을 들어올리고 소리쳤다.

"오, 아버지 제우스여, 저들에게 내가 누구인지 가르쳐 주소서!"

그가 소리치자마자 구름 한 점 없는 하늘에 한 줄기 번개가 가로질렀다. 제우스가 자기 아들을 알아보았다는 증거였다.

테세우스는 놀랐다. 그러나 그는 언제나 그렇듯이 겁에

질리지 않았다.

"그런 것이 당신에게 그렇게 중요하다면 나도 한 가지 알려 드리겠소. 나 역시 신의 아들이오. 내 아버지는 바다의 통치자인 포세이돈이오."

미노스는 그의 말을 믿지 않았다.

"네가 정말로 포세이돈의 아들이라면 이것을 찾아올 수 있을 것이다."

그는 이렇게 말하면서 손가락에서 반지를 뽑아 바닷물 속으로 멀리 던졌다.

테세우스는 즉시 바닷속으로 뛰어들었다. 긴 시간이 흘렀지만 그는 떠오르지 않았다. 물가에 있던 사람들은 모두 그가 빠져 죽었다고 생각했다.

미노스가 말했다.

"가엾은지고! 미노타우로스의 먹이가 하나 부족하게 되었군."

그러나 옆에 서 있던 미노스의 딸 아리아드네는 가까스로 울음을 삼키며 몰래 눈물을 닦아 냈다. 그녀는 테세우스가 상륙하는 순간부터 그를 눈여겨보아 왔는데 그의 용감한 모습이 그녀의 마음을 움직였던 것이다.

열정적인 사랑이 그녀의 가슴에서 타올랐다. 아프로디테의 날개 달린 아들 에로스가 쏜 화살이 그녀의 가슴에 박혔기 때문이었다. 그녀는 용감한 젊은이를 잃었다는 슬픔으로 가슴이 찢어지는 것 같았다.

그러나 테세우스는 결코 빠져 죽은 게 아니었다. 그가 바다에 뛰어드는 순간, 돌고래들이 재빨리 그를 바다의 신 포세이돈의 궁전으로 인도했다. 제우스의 동생인 포세이돈은 제우스 못지않은 힘을 가지고 있었다.

파도의 지배자인 포세이돈은 조개껍데기로 장식한 거대한 왕좌에 앉아 있었다. 그의 옆에는 아름다운 암피트리테가 앉아 있었고 트리톤을 비롯한 다른 대양의 신들도 근처에 앉아 있었다.

포세이돈은 테세우스를 보고 기뻐했다. 테세우스가 왜 물속 왕국을 찾아왔는가를 알고 난 그는 즉시 트리톤에게 가서 반지를 찾아오라고 명령했다.

얼마 뒤 트리톤이 바다의 요정들인 네레이데스 여럿을 데리고 돌아왔다. 네레이데스 중 하나가 반지를 들고 있었다. 요정은 그 반지를 테세우스에게 주었다. 그러자 암피트리테가 황금 머리띠를 그의 머리에 얹어 주었다. 테

세우스가 더 지체해서는 안 된다는 것을 안 포세이돈은 트리톤과 네레이데스에게 그를 다시 물가로 안내하라고 지시했다.

지켜보던 사람들이 막 떠나려고 할 때 테세우스가 물속에서 나타났다. 그를 보고 한 사람이 소리쳤다.

"테세우스다! 테세우스가 돌아왔다!"

그를 본 미노스는 자기 눈을 믿을 수 없었다. 테세우스가 멀쩡하게 살아 있을 뿐만 아니라 이마에 순금으로 된 나뭇잎 모양 머리띠를 쓰고 있었기 때문이다.

테세우스가 다가와서 바다에 던졌던 반지를 돌려주었을 때 미노스의 놀라움은 한층 더 커졌다. 테세우스가 평범한 사람이 아니라는 것을 안 미노스는 그를 두려워하게 되었다. 그래서 그는 신하들에게 이렇게 명령했다.

"미노타우로스가 그를 맨 먼저 먹게 하라!"

아리아드네는 아버지의 말을 듣고 겁에 질렸다. 그녀는 아테네에서 온 젊은 남녀들을 동정하고 있었다. 테세우스라는 이름이 불리는 것을 들을 때 그녀는 가슴에 비수가 꽂히는 것 같은 아픔을 느꼈다.

미노스는 아테네에서 온 젊은이들을 감옥에 처넣으라고 명령했다. 그러나 테세우스만은 따로 가두라고 지시했다.

아리아드네의 실

미노스가 덧붙였다.

"내일 아침 그를 미궁으로 데려가서 미노타우로스의 먹이로 주도록 하라."

아리아드네는 이제 고통을 참을 수 없었다.

"오, 위대한 사랑의 여신이여, 여신께서는 무슨 이유로 이 화살을 내 심장에 꽂았나이까?"

아리아드네는 눈물을 감추기 위해 여동생 파이드라의 어깨에 얼굴을 묻었다.

파이드라가 걱정스러운 시선으로 언니를 바라보았다.

"왜 그렇게 우는 거야? 미노타우로스 먹이가 되는 것은 저 사람들이 처음이 아니고 또 저 사람들이 마지막도 아닐 텐데."

아리아드네가 동생을 옆으로 끌고 간 뒤 간청했다.

"얘, 날 좀 도와줘. 그러지 않으면 난 죽고 말 거야. 저 젊은 청년을 구해야 해!"

이렇게 말하면서 그녀는 눈으로 테세우스를 가리켰다.

충격을 받은 파이드라가 말했다.

"언니, 미쳤어? 아버지가 아시면 우리 둘 다 죽이고 말 거야. 아버지가 미노타우로스를 우리보다 더 끔찍이 여기신다는 걸 모르고 하는 소리야?"

"도와줘, 파이드라! 그를 구하기 위해서 어떻게 해야 하는지 말해 줘."

"할 수 있는 일은 아무것도 없어. 다이달로스도 그를 구할 수는 없을걸."

아리아드네가 소리쳤다.

"다이달로스!"

한 줄기 희망의 빛이 그녀의 눈을 빛나게 했다. 아리아드네는 파이드라를 내버려 둔 채 이 위대한 발명가의 작업장으로 달려갔다.

다이달로스는 미궁을 지은 아테네 사람이었다. 그는 위대한 건축가이자 예술가였을 뿐 아니라 세상에서 가장 뛰어난 발명가였다. 그는 미노스의 딸이 문간에 서 있는 것을 발견하고 소리쳤다.

"아리아드네, 마침 잘 왔어요!"

아리아드네가 말했다.

"선생님, 선생님의 도움이 필요해요."

그가 대답했다.

"나도 공주님의 도움이 필요해요. 우리는 아테네에서 온 젊은이들을 구해야 해요. 공주님은 나를 도울 수 있는 유일한 사람이에요."

이 말을 들은 아리아드네는 기뻐서 어쩔 줄을 몰랐다.

"내가 선생님을 찾아온 이유도 바로 그것이에요."

다이달로스가 말했다.

"그럼 내 말을 들어 보세요. 그 사람들 중에 아이게우스의 아들 테세우스가 있어요. 테세우스는 강도와 악한 괴물을 죽인 위대한 영웅이에요. 나는 그가 미노타우로스도 죽일 수 있을 것이라고 믿어요. 문제는 미노타우로스가 아니라 미궁에서 빠져나오는 거예요. 나는 미노스 왕의 지시에 따라 그 미궁을 지었어요. 하지만 그곳이 괴물이 사는 곳이 되리라고는 꿈에도 생각하지 않았어요. 미궁은 매우 이상한 구조로 되어 있어요. 복도와 회랑, 계단, 문들은 그 중심부로 들어가기는 쉽지만 밖으로 나오는 길을 찾기는 불가능하게 설계되어 있어요."

아리아드네가 간청했다.

"현명하신 다이달로스 선생님, 제게 그 방법을 알려 주세요."

다이달로스가 공주를 안심시켰다.

"나는 이미 그 방법을 찾아 놓았어요. 하지만 누군가가 몰래 테세우스를 만나 그와 이야기를 나누어야 해요. 공주님이야말로 그렇게 할 수 있는 사람이라고 생각해요. 이 실패를 가지고 가세요. 들키지 않고 이것을 그에게 주도록 하세요. 그리고 그에게 실의 한쪽 끝을 입구에 붙들어매고 실패의 실을 풀면서 안으로 들어가라고 이르세요."

아리아드네가 외쳤다.

"알겠어요! 정말 좋은 방법이에요!"

"좋은 방법이죠. 뒤에 실을 감으면서 나오면 그는 입구를 찾을 수 있을 테고 그러면 목숨을 구할 수 있을 거예요. 그가 할 다른 일에 대해서는 나는 테세우스를 믿어요. 한 가지 걱정되는 것은 왕께서 공주님을 의심하지 않으실까 하는 거예요. 왕께서는 공주님을 죽이려 하실지도 몰라요."

"알고 있어요. 그래서 저는 테세우스와 함께 도망칠 생각이에요. 그리고 그가 원한다면 그의 아내가 될 생각이에요. 오, 현명하신 다이달로스 선생님, 이 은혜를 어떻게 갚아야 할지 모르겠군요."

"아리아드네 공주님, 나 역시 공주님에게 어떻게 감사해야 할지 모르겠어요. 난 아테네 사람이에요. 그래서 내가 태어난 도시를 생각할 수밖에 없지요. 아테네의 젊은 이들이 제물로 바쳐지는 걸 보면 가슴이 찢어지는 것 같아요. 내가 슬퍼하는 이유는 또 있지요. 나는 망명자로 살고 있어요. 내 꿈은 내 재능을 동포들을 위해 쓰는 거예요. 그런데 괴물이 사는 궁전을 지었단 말입니다.

만약 테세우스가 구출된다면 나도 고향으로 돌아갈 수 있을 거예요. 거기 가서 아름다움을 사랑하는 사람들을 위해 멋진 건물을 짓고 싶어요.

 하지만 지금은 이런 얘기를 늘어놓을 시간이 없어요. 어서 가서 내가 이른 대로 하세요."

 "네, 선생님. 서둘러 가겠어요. 선생님의 말씀이 저에게 날개를 달아 주었어요. 테세우스는 구조될 거예요. 그리고 아테네의 다른 젊은이들도 모두 그와 함께 구조될 거예요."

 아리아드네는 품속에 실패를 감추고 테세우스를 찾아갔다.

 "나는 미노스 왕의 딸이에요. 이상하게 생각할지 모르지만, 나는 당신이 죽는 것을 보고 싶지 않아요. 당신이 죽는다면 나도 죽고 말 거예요."

 테세우스는 아리아드네의 말을 듣고 놀랐다. 다음 순간 그는 자기가 아프로디테의 도움을 구했었다는 생각을 했다. 그러자 모든 일이 분명해졌다.

 아리아드네가 여신처럼 아름다워 보였다. 그는 그녀의 용기를 찬양했고 그녀의 아름다움에 눈이 멀 지경이었다. 그 순간 그 역시 그녀와 사랑에 빠졌다.

테세우스가 말했다.

"나는 여기 죽으러 온 게 아닙니다. 미노타우로스를 죽이러 왔습니다."

아리아드네가 말했다.

"그건 어떤 사람도 할 수 없는 일이지만 당신만은 성공할 것이라는 생각이 들어요. 하지만 당신은 도움을 받지 않으면 다시는 햇빛을 보지 못할 거예요. 미궁에 들어가는 사람은 아무도 나오는 길을 찾을 수 없으니까요. 그래서 내가 당신을 찾아온 거예요. 이 실패를 받으세요. 미궁에 들어갈 때 실의 한쪽 끝을 입구 근처에 붙들어 매세요. 그리고 실을 풀면서 안으로 들어가세요. 그것이 길을 잃지 않는 단 한 가지 방법이에요. 실을 감으면서 나오면 문을 찾을 수 있을 거예요.

당신이 안전하게 밖으로 나온 다음에 내가 당신에게 부탁할 일이 있어요. 나를 크레타에 그냥 두고 떠나지 마세요. 우리 아버지는 내가 한 일 때문에 나를 죽일지도 모르니까요. 나를 데리고 가야 해요. 그리고 만약 당신이 나를 아내로 맞이하고 싶어 한다면 나는 이 세상에서 가장 행복한 여자가 될 거예요."

미궁에서 미노타우로스와 만나다

테세우스는 너무나 기뻤다.

"강한 여신이시여, 정말 감사합니다."

아리아드네가 떠난 뒤 그는 이렇게 말했다.

아침에 미노스 왕의 신하들이 테세우스를 미궁으로 집어넣자 그는 실의 한쪽 끝을 입구에 붙들어매고 실패의 실을 풀면서 앞으로 나아갔다. 미궁으로 들어가는 길은 믿을 수 없을 정도로 복잡했다. 어떤 때는 이리 가야 했고 어떤 때는 저리 가야 했다. 때로는 간 길을 되돌아 나와야 했다.

곧게 뻗은 길이 있는가 하면 왼쪽으로 구부러진 길, 오른쪽으로 구부러진 길도 있었다. 오르막길도 있고 내리막길도 있었다. 그가 갈피를 잡을 수 없는 미로를 따라 오랜 시간 걸었을 때, 갑자기 그의 앞에 미노타우로스가 나타났다.

즉시 괴물과의 싸움이 시작되었다. 그 무시무시한 괴물

이 뿔을 낮추고 테세우스를 향해 돌진해 왔다. 그러나 테세우스는 옆으로 슬쩍 피하면서 칼로 괴물의 옆구리를 찔

렀다. 그러나 그 정도로는 괴물이 꿈쩍도 하지 않았다. 괴물은 돌아서서 다시 공격해 왔다. 그럴 때마다 테세우스는 옆걸음질로 재빨리 피했다. 결국 미노타우로스가 지쳤는지 잠시 동작을 멈추었다.

테세우스가 기다리던 순간이었다. 미노타우로스의 두 뿔을 손으로 잡은 테세우스는 엄청난 힘으로 괴물을 바닥에 내동댕이쳤다. 그런 다음 괴물의 가슴에 깊숙이 칼을 꽂았다. 이렇게 해서 미궁의 괴물은 더 이상 제물을 요구할 수 없게 되었다.

테세우스는 죽은 미노타우로스를 내려다보면서 이마의 땀을 닦은 뒤 이렇게 말했다.

"이제 남은 것은 나가는 길을 찾는 일뿐이군."

그는 실패의 실을 되감으면서 미궁에서 빠져나가기 시작했다. 실패를 가진 것이 그에게는 천만다행이었다. 그의 생각으로는 이쪽으로 돌아야 할 것 같은데 실은 그를 다른 쪽으로 인도했기 때문이다. 실패의 실이 점점 많아지는 것으로 보아 실패가 가리킨 방향이 옳다는 것을 알 수 있었다. 그는 실이 왜 자신을 그렇게 복잡한 미로로 인도하는지 이해할 수 없었다. 그래서 점점 당황했다. 그러나 마침내 실패에 실이 통통하게 감겼고 그는 다시 미궁의 입구에 당도해 있었다.

그는 혼자 중얼거렸다.

"실이 없었다면 나는 꼼짝없이 길을 잃고 말았겠는걸. 아리아드네가 나를 구했어!"

문 앞에서 아리아드네가 그를 기다리고 있었다. 다른 사람은 아무도 없었다. 일단 테세우스가 미궁으로 들어가자 미노스 왕은 경비병을 입구에 배치할 필요가 전혀 없다고 생각했던 것이다.

아리아드네가 기쁨의 눈물을 흘리면서 테세우스의 품에 안겼다. 그녀에게 감사할 말을 찾지 못한 테세우스는 말없이 실이 잔뜩 감긴 실패를 그녀에게 되돌려주었다. 그 이후로 '아리아드네의 실'은 어려운 상황에서 빠져 나오는 방법을 상징하는 말이 되었다.

모두 구조되다

그러나 쉴 여유가 없었다. 테세우스는 아리아드네의 손

을 잡고, 함께 온 아테네 사람들을 찾으러 나섰다. 그는 곧 그들이 갇혀 있는 곳을 찾아냈다. 그러나 이번에는 경비병들이 배치되어 있었다. 아리아드네는 겁이 났다.

"겁내지 말아요."

테세우스가 그녀를 안심시켰다.

"모든 일이 잘 될 테니까요."

그는 휘파람을 세 번 불었다.

이 신호를 들은 젊은이들은 감방 바닥에서 벌떡 일어나 문을 향해 돌진해 간 다음 문을 활짝 열었다. 달려온 경비병들은 두 여자가 감방 밖으로 빠져 나가려고 하는 것을 보았다. 그들은 그녀들을 안으로 밀어 넣으려고 했다.

그러나 경비병들은 무쇠 같은 주먹세례를 받고 그 자리에서 뻗고 말았다. 다른 경비병들이 달려왔지만 역시 똑같은 주먹세례를 받고 나가떨어졌다. 이들은 바로 여자로 변장한 힘센 남자들이었던 것이다.

잠시 뒤 테세우스가 손에 칼을 들고 도착했다. 그러나 그는 아무 할 일이 없었다. 경비병들이 이미 모두 제압당했기 때문이었다. 그들은 잠시도 지체하지 않고 해안을 향해 떠났다.

  그 시간에 해안에는 보이는 사람이 한 명도 없었다. 크레타의 배들은 모두 육지로 끌어올려져 있었고 그들이 타고 온 배만 물에 떠 있었다.

  테세우스가 소리쳤다.

  "배에 타기 전에 미노스의 배들에 구멍을 냅시다. 저 배들이 추격해 오면 우리가 잡힐지도 모르니까."

  그들은 재빨리 크레타의 배들 아래에다 구멍을 뚫었다. 그러고는 배에 올라 즐거운 마음으로 아테네를 향해 출발했다.

  모든 사실을 전해 들은 미노스 왕은 노발대발했다. 그럴 만도 한 것이 테세우스가 미노타우로스를 죽였을 뿐만 아니라 아테네의 젊은이들이 모두 도망쳤기 때문이었다. 더욱이 자기의 딸 아리아드네가 테세우스를 도와주었다는 게 아닌가. 더욱 화가 나는 일은 아리아드네가 그들과 함께 도망쳤다는 것이었다.

  '끝까지 쫓아가서 잡고야 말겠다!'

  그는 이렇게 다짐하고 즉시 함대에 그들을 추격하라는

명령을 내렸다.

그러나 그의 배들은 구멍투성이였다. 바다에 띄우자마자 모두 가라앉고 말았다.

절망에 빠진 미노스는 궁전으로 돌아왔다.

"이렇게 된 건 모두 아리아드네 탓이야!"

그는 혼자 중얼거렸다.

그러나 어떻게 할 수 있는 방법이 없었다.

'방법이 없군. 모두 신들의 뜻이었어. 그리고 아리아드네는 내 딸이 아닌가. 그 애가 잘되기를 비는 수밖에 없지. 테세우스로 말하면 그는 단순한 모험가가 아니야. 그가 포세이돈의 아들이라는 걸 인정할 수밖에 없어.'

미노스는 자기의 생각에 만족하면서 그 일을 더 이상 따지지 않기로 했다.

낙소스에서 생긴 일

테세우스가 탄 배는 북쪽으로 항해해서 낙소스섬에 도착했다. 그들은 그 섬에 상륙해서 밤을 보내기로 했다. 그들이 바닷가에서 잠들어 있을 때, 술의 신 디오니소스가 테세우스에게 나타나서 말했다.

"어서 일어나서 출항하라. 아리아드네는 해변에 두고 떠나라. 이것이 신과 인간의 지배자 제우스 신의 뜻이다."

매우 슬픈 일이었지만 신의 명령을 무시할 수는 없었다. 테세우스는 동료들을 깨웠다. 그가 신의 명령을 이야기하자, 그들은 즉시 떠나기로 의견을 모았다.

그들은 모래 위에서 곤히 자고 있는 아리아드네를 남겨 둔 채 다시 배에 올라 아테네를 향해 떠났다.

잠에서 깨어 그들이 모두 떠나 버린 것을 안 아리아드네는 눈물을 흘리며 슬피 울었다.

"어떻게 그가 나를 버리고 갈 수 있을까?"

그 순간 디오니소스가 나타나 아리아드네에게 말했다.

"테세우스에게는 잘못이 없다. 내가 그에게 너를 해변에 남겨 두고 출항하라고 명령했다. 네가 내 아내가 되는 게 위대하신 제우스 신의 뜻이기 때문이다."

이렇게 해서 미노스의 딸 아리아드네는 디오니소스 신과 결혼하게 되었다.

파도가 아이게우스를 삼키다

한편 아테네의 아이게우스 왕은 테세우스와 젊은이들이 떠난 뒤로 고통 속에서 살았다. 그는 밤마다 잠을 이룰 수가 없었다. 그래서 소우니온곶에 나가 보기로 했다. 그는 높은 바위에 앉아서 수평선을 바라보며 테세우스를 태운 배가 하얀 돛을 달고 나타나기를 기다렸다. 그 배를 보는 순간 그의 가슴을 짓누르는 무거운 짐이 사라질 것이기 때문이다.

그러나 흰 돛을 단 배는 보이지 않고 수평선 위에 떠 있는 작은 점이 그의 시야에 들어왔다. 아이게우스는 그 검은 점이 자기가 기다리는 배의 검은 돛이라고 믿고 싶지 않았다.

그러나 검은 점은 점점 커졌다. 그것이 재난과 죽음을 뜻하는 슬픈 색깔이라는 것을 이제 의심할 수 없었다. 그가 그렇게 두려워하던 일이 현실로 나타났다. 그의 아들이 미노타우로스에게 잡혀 먹고 만 것이다.

"운도 없는 늙은이로구나."

아이게우스는 어떤 목소리가 자신에게 이렇게 말하는

소리를 들었다고 생각했다.

"너는 너에게 기쁨과 평안을 가져다줄 아들을 그렇게

바랐지. 너는 그렇게 바라던 아들을 얻었다. 그런데 이제 네게 닥친 게 무엇이냐? 슬픔과 멸망뿐이로구나."

아이게우스는 정신 나간 사람처럼 자신의 가슴을 찢어놓은 검은 돛을 마지막으로 다시 한번 바라보았다. 그러고는 더 이상 고통을 참을 수 없어서 거품 이는 파도를 향해 몸을 던지고 말았다.

테세우스로서는 애석한 일이었다. 무사히 탈출했다는 기쁨과 그와 동료들이 겪어야 했던 수많은 위험에 정신이 팔린 나머지 그는 검은 돛 대신 흰 돛을 올려야 한다는 것을 까맣게 잊어버리고 말았다. 그래서 아이게우스가 파도 밑으로 가라앉는 동안 테세우스는 무슨 일이 일어났는지도 모른 채 아테네를 향해 즐거운 항해를 계속하고 있었다.

테세우스와 동료들이 팔레론 해변에 도착하자마자, 테세우스는 전령에게 전속력으로 아테네로 달려가서 시민들과 아버지에게 기쁜 소식을 전해 주라고 명령했다. 그와 다른 사람들은 무사하게 고향에 돌아올 수 있도록 해 준 신들에게 감사하기 위한 제물을 바치려고 남았다.

신들에게 제물을 바치는 의식이 끝났을 때, 그들은 전령과 아테네 시민들이 자신들을 향해 달려오는 것을 보았다. 그들은 이렇게 외치고 있었다.

"엘레레브! 로우! 로우!"

테세우스와 젊은이들은 그 외침이 무슨 뜻인지 갈피를 잡을 수 없었다. '엘레레브'는 기쁨의 외침이었고 '로우'는 그 정반대의 뜻이었기 때문이었다.

곧 그들은 그 외침의 끔찍한 의미를 알게 되었다. 테세우스는 용서받을 수 없는 건망증 때문에 아이게우스가 스스로 목숨을 끊었다는 사실을 알고 후회의 눈물을 흘렸다. 그의 동료들 또한 왕을 잃었다는 사실을 알고 슬피 울었다.

그러나 눈물을 흘리고만 있을 때가 아니었다. 기뻐할 때이기도 했다. 그래서 테세우스는 아테네로 개선 행진을 시작했다. 행렬 맨 앞에 아이게우스의 아들 테세우스가 섰고 그다음에 여자로 변장했던 건장한 두 남자 젊은이가 섰으며 그 뒤를 다른 남녀 젊은이들이 따랐다.

아테네의 모든 시민들은 기쁨과 슬픔이 뒤섞인 외침으

로 테세우스와 동료들을 환영했다. 어떤 사람들은 그들이 가는 길에 올리브 가지를 뿌렸고 또 어떤 사람들은 그들의 머리 위에 하얀 리본을 맨 꽃다발을 씌워 주었다. 이런 꽃다발은 흔히 신들의 조각상에 바치는 존경의 표시였다.

테세우스, 아테네의 왕이 되다

아테네 시민들은 커다란 승리를 거두었다는 안도감 덕분에 곧 아이게우스의 죽음으로 인한 슬픔을 떨쳐 버릴 수 있었다. 미노타우로스가 죽었을 뿐 아니라, 그보다 더욱 중요한 사실은 젊은이들이 무사히 건강하게 돌아왔다는 것이었다.

이제 그들은 자식들의 목숨을 구해 준 영웅인 테세우스를 아테네의 왕으로 모시게 되었다. 그리고 그들은 아이게우스의 이름이 영영 잊히지 않게 하기 위해 그를 삼켜 버린 바다를 '에게해'라고 다시 이름 지었다.

테세우스는 아테네를 현명하게 그리고 사랑으로 다스렸다. 그는 이전의 왕들과는 다르게 특히 가난한 사람과 약한 사람의 편을 들었다. 그는 독재를 싫어했다. 아테네 시민들에게 도시의 일을 스스로 결정하도록 처음 가르친 사람이 바로 테세우스라고 전해진다.

동포들에 대한 그의 관심은 아테네 사람들에게만 국한되지 않고 아티카(아테네 주변 지방)에 사는 모든 사람들에게 미쳤다. 그는 오랫동안 작은 왕처럼 군림하면서 마을 사람들을 착취해 오던 대지주들을 억누르고 아티카의 모든 도시와 마을을 하나의 정부 아래 통일했다.

아테네 주변 지역의 모든 주민들을 아테네 시민으로 삼았다. 아테네(Athens)라는 이름에 복수형 어미 's'가 붙기 시작한 것은 이때부터라고 한다.

이렇게 복수형을 쓴 것은 아테네라는 도시와 아티카의 모든 마을이 연합해서 하나의 국가를 형성함을 나타낸다. 마찬가지로 그때까지 '아테네인 축제'라 불리던 축제 이름도 '범아테네인 축제' 바뀌었다. 이제 아티카의 모든 주민이 이 축제에 참가하게 되었기 때문이다.

테세우스는 또한 체육을 매우 중요하게 여겼다. 헤라클레스가 아버지인 제우스를 기리기 위해 올림픽 경기를 시작한 것과 똑같이, 테세우스도 자신의 아버지라고 일컬어지는 포세이돈을 기리기 위해 3년마다 코린토스 지협에서 벌어지는 또 하나의 대규모 운동 경기 대회인 '이스토이아 경기'를 창설했다.

아테네의 새로운 왕은 평화를 사랑하는 사람이었다. 그는 계속 용감하고 영웅적인 행동을 좋아했지만, 재위 기간 동안에 다른 민족을 상대로 전쟁을 하지 않았다. 그가 이아손 및 아르고나우테스와 함께 황금 양털을 찾아 나서고 여러 영웅들과 함께 칼리돈의 멧돼지 사냥에 참여한 것은 모두 영웅적인 모험을 즐겼기 때문이었다. 마지막으로 그는 헤라클레스와 함께 아마존 여인족들의 땅에서 벌어진 전쟁에 참가했다.

아테네 사람들이 무슨 일이든 테세우스 없이는 이루어지지 못한다고 그를 자랑스럽게 생각하고 심지어 그를 또 하나의 헤라클레스라고 부르는 것은 바로 이런 이유 때문이었다.

그가 헤라클레스와 함께 히폴리테의 허리띠를 가져오기 위해 아마존의 땅에 갔을 때 두 영웅은 함께 싸웠다. 테세우스는 이때 헤라클레스와 그를 비교하는 게 무리가 아니라는 얘기가 나올 만큼 영웅적인 용기와 자기희생의 마음을 보여 주었다.

그 싸움에서 테세우스는 아마존의 세 여왕 가운데 하나였던 안티오페를 사로잡아서 아테네로 데려왔다. 그는 콧대 센 이 포로와 사랑에 빠졌고 그래서 그녀를 아내로 삼았다. 두 사람 사이에서 아르테미스 여신에게 자신의 목숨을 바친 순수하고 아름다운 젊은이 히폴리토스가 태어났다.

아마존 여인족과의 전쟁

안티오페는 테세우스와 행복한 결혼 생활을 하고 있었지만, 멀리 떨어진 그녀의 고향에서는 아마존 여인족이 자신들의 여왕인 안티오페가 아테네 왕궁에서 노예 생활하고 있을 것이라는 생각 때문에 괴로워하고 있었다. 결국 여인족은 아테네와 전쟁을 벌여 안티오페를 해방시키기로 했다. 피에 굶주린 여인들은 세상의 모든 군대가 그들과 맞서기를 꺼릴 정도로 무서웠다.

그들은 아무런 경고도 없이 아테네를 덮쳤다. 아마존

여인족이 죽음과 파괴의 씨앗을 뿌리면서 말을 타고 사납게 공격해 오자 아테네 사람들은 그들을 물리칠 가망이 없었으므로 아크로폴리스로 도망쳐 성벽 안에 피신했다. 거기서 테세우스가 성공적으로 그들을 방어했고 이어서 반격을 준비했다.

남편에 대한 사랑이 강했던 안티오페는 아마존 여인족이 자기 때문에 이 전쟁을 시작했다는 생각은 꿈에도 하

지 않았다. 반대로 그녀는 테세우스와 마찬가지로 그들이 복수심과 탐욕 때문에 아테네를 공격해 왔다고 믿었다. 그래서 그녀는 남편 옆에 서서 함께 싸웠다.

 마침내 결전의 날이 왔다. 무섭고 피비린내 나는 싸움이었다. 아테네 사람들은 고향과 그들이 모시는 신들의 제단을 지키기 위해 있는 힘을 다해 싸웠다. 반면에 아마존 여인족은 불행한 노예 생활을 하고 있다고 믿는 여왕을 구해 내기 위해 더욱 사납게 공격했다. 싸움이 치열하게 계속되었지만 어느 쪽도 우세하지 않았다.

그러던 중 아마존 여인족은 빛나는 갑옷을 입은 아름다운 젊은 기수가 병사들 사이에서 달려 나와 아테네 병사들을 격려하는 것을 보았다. 마침내 아마존 여인족 가운데 하나인 몰파디아가 쏜 화살이 아름다운 전사를 맞혔다. 그는 안장에서 떨어져서 죽었다.

아마존 여인족은 사나운 함성을 외치며 달려갔다. 그 전사의 시체를 차지함으로써 아테네 사람들에게 더 큰 수치를 안겨 주려는 속셈이었다. 시체를 놓고 다시 격렬한 전투가 벌어졌다.

그때 여인족 가운데 한 병사가 소리쳤다.

"무기를 내려놓아라! 우리가 죽인 것은 안티오페 여왕이시다!"

마치 마법에 걸린 듯 싸움이 멎었다. 양편 군대는 그 자리에 서서 다 같이 한때는 아마존의 여왕이었다가 지금은 아테네 왕비인 용감한 안티오페의 죽음을 슬퍼했다.

안티오페는 모든 사람들이 슬퍼하는 가운데 묻혔다. 그

직후에 아마존 여인족은 머나먼 고국을 향해 출항했다. 그들은 자기네의 부당한 침공과 그 침공이 가져온 비극적인 결과에 대한 후회 때문에 마음이 무거웠다.

테세우스 또한 슬픔을 억누를 수 없었다. 그는 여러 날 동안 안티오페의 죽음을 애도했다.

시간이 흐르자 그의 고통도 조금씩 사라져 갔다. 살아가자면 여러 가지 해야 할 일이 있었고 또 아테네의 통치자로서 의무를 소홀히 할 수 없었기 때문에 언제까지나 슬픔에만 잠겨 있을 수 없었기 때문이다. 그러는 동안 아테네 사람들의 가장 큰 적인 미노스 왕이 죽었고 그의 아들 데우칼리온이 크레타의 왕위를 물려받았다.

데우칼리온은 아버지와는 매우 다른 사람이었다. 그는 오래된 증오심을 간직해 봤자 아무 도움이 되지 않는다고 믿었다. 더욱이 테세우스가 통치하는 아테네는 이제 약하고 방비가 약한 도시가 아니라 함부로 얕볼 수 없는 강국이었다.

테세우스 또한 증오심 때문에 옛 상처를 다시 건드릴 생각이 전혀 없었으므로 데우칼리온에게 우호와 동맹을 제의했다. 데우칼리온도 그의 제의를 수락하고 동맹 관계를 더욱 굳건히 하기 위해 테세우스에게 자신의 누이동생 파이드라를 아내로 맞아 달라고 부탁했다.

테세우스는 그 제의를 기꺼이 받아들였다. 이렇게 해서 아테네와 크레타 사이에는 깊은 우호 관계가 맺어졌다.

테세우스는 파이드라와 결혼하여 두 아들을 얻었는데 그중 하나인 데모폰은 뒤에 아테네의 왕이 되었다. 그러나 미노스의 딸과의 결합이 테세우스에게 행운을 가져다주지는 못했다.

파이드라는 사랑스러운 아내, 자비로운 왕비가 되지 못했다. 그녀는 안티오페가 낳은 아들 히폴리토스에게 거짓된 혐의를 씌웠다.

이것은 히폴리토스의 죽음과 그녀의 자살을 가져왔다. 이후의 이야기에서 다루어질 이 불행한 이야기는 아테네 사람들에게 깊은 감동을 주었다. 에우리페데스의 불후의 비극 〈히폴리토스〉는 오늘날에도 사람들에게 깊은 감동을 주고 있다.

테세우스와 페이리토오스

테세우스는 뒤에 보다 깊은 또 하나의 우호 관계를 맺었는데 그것은 테살리아 지방에 사는 용감한 라피테스족의 왕 페이리토오스와 맺은 동맹이었다.

페이리토오스는 이상한 인연으로 테세우스와 알게 된 전사이자 영웅이었다. 아테네의 왕이 이룬 수많은 용감한 업적을 전해 들은 페이리토오스는 그의 명성을 시기했다. 그는 테세우스가 자기의 영광을 가린다는 생각을 떨쳐 버릴 수 없었다. 그래서 그에게 도전하기로 했다. 그렇게 함으로써 두 사람 가운데 누가 더 위대한가를 보여 주겠다는 생각이었다.

이런 목적을 품고 마라톤으로 간 그는 테세우스의 가장 좋은 황소 떼를 빼앗고는 겁에 질린 목동들에게 이렇게 말했다.

"가서 너희들의 왕에게 이 세상에서 가장 용감한 페이리토오스가 황소들을 빼앗아 갔다고 말해라. 그리고 그럴 용기가 있다면 나와 싸워서 그 황소들을 되찾아 가라고 해라!"

이것은 테세우스에게는 참을 수 없는 모욕이었다. 그는 즉시 소도둑을 찾으러 나섰다. 그에게는 황소들을 되찾는 것보다 자신의 명성에 찍힌 오점을 씻는 게 더 중요했다.

두 영웅은 마라톤 바로 너머에서 서로를 발견했다. 테세우스가 멀리서 페이리토오스를 발견하자 페이리토오스도 테세우스를 보았다. 그들은 굳은 결의를 지니고 서로를 향해 천천히 다가갔다. 그들의 눈은 차가운 분노로 이글거리고 있었다. 두 사람의 머릿속은 단 한가지 생각뿐이었다. 상대를 죽이든지 아니면 내가 죽든지 결판을 내겠다는 생각이었다.

서로 가까이 다가간 두 사람은 걸음을 멈추고 결투 준비가 되었다는 신호로 각자 칼 손잡이에 손을 댔다. 그러나 그 순간 두 사람은 상대방의 용기와 용모 그리고 번쩍이는 갑옷을 입은 당당한 모습에 감탄했다. 그들은 마치 신을 보고 있는 것 같다고 생각했다.

마침내 두 사람이 서로를 공격하기 위해 칼을 뽑았다. 그러나 상대를 향해 내리치던 동작이 도중에 멎고 전혀 예기치 않은 일이 벌어졌다. 그들은 칼을 내던지고 상대를 찬양하는 눈길로 마주 보며 서 있었던 것이다.

그러나 그것도 잠깐, 그들의 시선이 다시 험악해졌고 이어 사납게 서로를 향해 돌진해 갔다. 그러나 이번에도 그들은 차마 상대에게 타격을 가할 수 없었다. 결국 그들은 두 팔을 크게 벌리고 서로를 껴안았다. 그러고는 입을 맞추었다. 이 순간부터 그들은 영원한 우정을 맹세했다. 우정의 표시로 그들은 칼을 서로 바꾸었다.

테세우스와 페이리토오스는 죽을 때까지 친구가 되었다. 그들의 우정은 페이리토오스의 결혼식이 진행되는 도중, 그의 아름다운 신부 데이다메이아를 빼앗아 가려고 한 무서운 켄타우로스족을 물리치는 일을 테세우스가 도움으로써 더욱 굳어졌다.

말 비슷하게 생긴 괴상한 켄타우로스족과의 싸움에서 테세우스는 다시 한번 그의 솜씨와 용기를 보여 주었다. 현명한 늙은 케이론만은 예외였지만, 켄타우로스족은 그리스 전역에서 파괴를 일삼아 온 야만적이고 무시무시한 종족이었다.

그들은 왕과 영웅들, 일반 백성들 모두에게 두려움의

대상이었다. 아무도 그들을 건드리지 않았는데 그들이 더욱 고약한 행패를 부릴까 봐 두려웠기 때문이었다.

테세우스는 그들과 싸워서 승리를 거둔 최초의 인간이었다. 그가 이끄는 전사들에 의해 그때까지 천하무적이었던 켄타우로스족이 도망쳤다. 따라서 그들이 다시는 그리스에서 공포의 대상이 되지 않았다. 뒤에 남아 있던 몇 안 되는 켄타우로스들을 헤라클레스가 마저 쓸어 버림으로써 세상은 이제 그들 때문에 골치를 앓는 일이 없어졌고 언덕과 계곡은 마침내 평화를 누리게 되었다.

이쯤에서 테세우스의 이야기를 끝낼 수도 있다. 사실 대부분의 작가들은 이 시점에서 테세우스의 이야기를 끝낸다. 이후로 테세우스의 영웅담은 나오지 않는다. 따라서 독자들에게 이 위대한 영웅에 대한 좋은 인상을 남기려는 작가들은 이쯤에서 이야기를 끝내는 것이다.

하지만 이야기를 끝까지 전하지 않고 사실은 마지막이 전혀 그렇지 않은데도 '그들은 그 뒤 오래도록 행복하게 살았다.'고 이야기를 잘라 버리는 것은 신화를 제대로 전하는 일이라고 할 수 없다.

그러니 우리는 이야기를 계속하기로 하자. 비록 이 이야기가 테세우스에게 영광을 더하지는 못하겠지만, 우리는 거기서 어떤 '해피 엔딩'에서보다 더 가치 있는 교훈을 이끌어 낼 수 있을 것이다.

테세우스와 페이리토오스의 우정이 좋은 결실을 맺지 못했다는 것은 두 사람에게는 불운이었다.

야만적인 켄타우로스족과의 싸움이 끝난 직후에 페이리토오스의 아내가 죽었고 또 테세우스의 아내 파이드라도 그 이전에 이미 자살한 터였으므로, 두 사람은 재혼하기로 작정했다. 그들은 각자 마음에 드는 여자를 아내로 맞을 수 있는 처지였다. 그들은 모든 일에서 서로 돕기로 약속했다. 약속 자체는 나쁜 게 아니었지만, 그들이 하기로 한 일이 너무 어처구니없어서 결국 나쁜 약속이 되고 말았다.

이런 훌륭한 사람들이 무엇이 옳은 일인가에 대한 감각을 잃어버리는 것은 정말 슬픈 일이지만, 그런 일은 종종 일어난다. 그런 미친 짓은 실생활에서만 볼 수 있는 게 아니라 신화에서도 볼 수 있다.

이것은 신화가 매우 환상적이지만, 본질에서는 사실과 아주 가깝다는 것을 보여 주는 예이기도 하다. 많은 사람들은 젊어서 엉뚱한 짓을 하다가도 나이가 들어 철이 나면 착실하고 책임감 있는 사람이 되는 게 보통이지만, 이 두 친구는 그와 정반대였다.

납치된 헬레네

쉰 살의 나이에 재혼하기로 작정한 테세우스가 택한 신부감은 아름다운 헬레네였다. 헬레네는 제우스와 레다의 딸로 그때 나이가 겨우 열두 살이었다! 이렇게 나이 차이가 심했으므로 그는 감히 청혼하지 못하고 그녀를 납치하기로 마음먹었다.

그들이 한 약속에 따라 테세우스는 페이리토오스를 찾아가서 말했다.

"이번에 날 좀 도와주게. 때가 되면 나도 자네가 마음에 드는 여자를 얻을 수 있도록 돕겠네."

페이리토오스는 약속을 지켰고 그래서 두 사람은 스파르타로 가서 헬레네를 납치했다. 그들은 아르테미스 신전에서 친구들과 어울려 춤추고 있는 그녀를 둘러업고 도망쳤다. 서둘러 그녀를 아티카로 데려온 그들은 당시 테세우스의 어머니 아이트라가 살고 있던 아피드나이 마을에 그녀를 숨겼다.

가련한 노파 아이트라는 테세우스가 나가 있는 동안 어린 헬레네를 지키고 그녀의 말동무가 되어 주겠다고 동의할 수밖에 없었다. 이렇게 해서 납치는 별 어려움 없이 이루어졌다. 어려움이 닥친 것은 그 이후였다. 그리고 그 어려움은 엄청난 것이었다.

테세우스의 선택도 어처구니없었지만, 페이리토오스의 선택은 그보다 열 배나 더 어처구니없었다. 먼저 그는 여신을 자기 아내로 삼겠다는 결정을 내렸다. 둘째로 그가 점찍은 여신은 이미 결혼한 몸이었다. 셋째로, 그 여신의 남편은 신이었다. 더욱이 그 신은 사람들이 이름을 입에 올리기도 두려워하는 무서운 존재였다.

그러나 페이리토오스는 이 모든 사실을 무시했다. 다만 그의 걱정은 자기의 뜻을 어떻게 테세우스에게 전하느냐는 것이었다. 마침내 방법을 찾아낸 그가 테세우스에게 물었다.

"누가 아름다운 헬레네를 아내로 맞았나?"

테세우스가 우쭐대며 말했다.

"제우스의 딸 말인가?"

"자넨 이제 신들과 동격이 되었네. 하지만 난?"

테세우스가 말을 받았다.

"'하지만 난?'이라니 그게 무슨 말인가? '자네가 누구를 택하든'이라고 우린 말하지 않았나? 겁을 모르고 너무 강해서 어떤 인간도 상대가 되지 않는 우리 둘이 나선다면 무슨 일을 못 하겠는가? 그래도 자넨 망설이고 있는가?"

페이리토오스가 외쳤다.

"잘 말해 주었네, 테세우스! 정말 자넨 내 마음을 잘 알아 주네. 자넨 내가 자네를 위해서라면 죽은 자들의 왕국에라도 내려갈 것임을 알고 있을 걸세."

테세우스가 말했다.

"그래. 난 자넬 위해서라면 타르타로스(지옥)에라도 가겠네."

페이리토오스가 웃으며 말했다.

"그게 바로 우정이지! 사실 난 그 말을 자네에게 어떻게 하나 걱정하고 있었다네. 내가 생각하는 곳이 바로 죽은 자들의 왕국이라네. 난 페르세포네를 원한다네. 하데스의 아내 말일세!"

테세우스는 그 말을 듣고 입이 딱 벌어졌다. 그러나 그는 아무 말도 할 수 없었다. 저승에라도 가겠다고 거듭 다짐했으니 이제 와서 그 말을 취소할 수도 없는 노릇이었다. 더욱이 페이리토오스가 그런 대담한 일을 하겠다고 나서는 판에 그가 두려움을 보일 수는 없었다. 그래서 두 친구는 그 계획을 실천에 옮기기로 했다.

지하 세계로 가다

그들은 콜로누스에 있는 깊은 협곡으로 해서 지하 왕국으로 내려갔다. 처음에는 모든 일이 순조로웠다. 그들은 뱃사공 카론을 속여 넘겼다. 카론은 그들을 배에 태워 '스틱스'라고 불리는 지하의 성스러운 강을 건너게 해 주었다.

다음에 그들은 '케르베로스'라는 무서운 개가 지키고

있는 저승 문을 쉽게 통과했다. 그들은 조심스레 하데스의 궁전으로 다가갔다. 그들은 죽은 자들의 왕 하데스에게 들키지 않으려고 무척 신경 썼다.

그들의 계획은 하데스에게 들키지 않고 페르세포네를 납치해 오는 것이었지만, 하데스는 무슨 일이 일어나고 있는지 훤히 알고 있었다. 하데스가 갑자기 그들 앞에 나타났다.

그가 속에서 이글거리는 분노를 감추고 침착하게 물었다.

"살아 있는 자들이 이곳에는 뭐 하러 왔나?"

두 친구는 하데스를 보자 겁이 나서 숨이 막힐 지경이었다. 그들은 뭐라고 대답해야 할지 얼른 생각이 나지 않았다.

한참 머뭇거리다가 마침내 페이리토오스가 입을 열어 떠듬떠듬 말했다.

"네, 저……. 실은 제 궁전에서 파티를 열 예정인데 대왕께서 괜찮으시다면 페르세포네가 와서 우리의 파티를 빛내 줄 수 있을까 하는 생각에서……."

하데스는 이 어리석은 친구들을 골려 주면 재미있겠다는 생각을 하며 물었다.

"알겠네. 나는 아니고 페르세포네만 오란 말이지?"

두 사람이 당황해서 합창하듯 외쳤다.

"네, 네, 좋습니다. 물론 대왕께서 함께 오셔도 좋습니다."

하데스가 속으로 말했다.

'이자들은 자기들이 생각하는 것의 반만큼도 영리하지 않군.'

그가 여전히 노여움을 감춘 채 다시 말했다.

"들어 보게. 나는 그런 잔치나 축제에는 맞지가 않네. 하지만 페르세포네는 꼭 데려가게나. 그녀는 재미있어할 걸세. 내가 가서 그녀를 불러올 테니 여기 의자에 앉아서 기다리게."

이렇게 말하면서 하데스는 궁전 입구에 놓인 돌 의자 두 개를 가리켰다.

"아주 잘 둘러댔네."

하데스가 그들이 하는 말을 들을 수 없는 곳까지 갔을 때 테세우스가 말했다. 그는 모든 일이 순조롭게 진행되고 있다고 기뻐하면서 돌 의자에 앉았다.

지하 세계에 갇히다

페이리토스도 의자에 앉으면서 킬킬 웃었다.

"우리가 자기를 속였다는 걸 알면 하데스는 속이 상해 죽으려고 할걸."

그때 테세우스의 얼굴에 경계의 빛이 나타났다.

그가 중얼거렸다.

"아직 웃을 때가 아닌 것 같네. 아무래도 내 몸이 의자에 달라붙은 것 같네!"

"자네 뭐라고 했나?"

페이리토스가 이렇게 외치면서 일어서려고 했다. 그러나 그도 일어설 수가 없었다.

"나도 달라붙었네!"

겁에 질린 그가 신음하듯 말했다.

그들은 의자에서 몸을 떼어 내려고 다시 한번 안간힘을 썼으나 불가능한 일이었다. 그들은 있는 힘을 다해 용을 썼지만 아무 소용이 없었다. 그들의 엉덩이와 돌 의자가 하나로 붙어 버려 몸을 의자에서 떼어 낼 도리가 없었다. 하데스가 와서 그들을 자유롭게 해 주기를 기다리는 수밖에 없었다. 그들은 아직도 이것이 그들의 오만한 행동에 내려진 벌이라고는 생각하지 않고 무언가 일이 잘못되었을 것이라고 생각했다.

얼마 뒤 그들 앞에 나타난 것은 하데스와 페르세포네가 아니라 커다란 뱀 두 마리였다. 뱀은 그들의 다리를 친친 감아서 더욱 단단하게 의자에 묶어 버렸다. 그제야 그들은 자신들이 얼마나 무모하고 어리석었던가를 깨달았지만 때는 이미 늦었다.

그들은 자만심과 자신감을 모두 잃어버린 채 절망에 싸여 서로를 바라보았다.

페이리토오스가 수치심으로 머리를 푹 숙인 채 중얼거렸다.

"용서하게, 테세우스."

테세우스가 말했다.

"왜 나한테 용서를 구하나? 나에게도 똑같이 잘못이 있네. 우정 덕분에 우리는 힘을 합쳐 더욱 강해졌지. 그런데 우리는 그 힘을 고상한 목적에 쓰지 않았네. 우리가 한 일을 생각해 보게. 우린 결혼한 여자를 납치하러 이곳에 왔네. 그것도 신과 결혼한 여신을 말일세. 벌을 받아 마땅한 사람이 있다면, 그건 바로 우리들일세."

두 친구는 오랫동안 거기 머물러 있었다. 그러던 중 헤라클레스가 케르베로스를 세상으로 데려가려고 하데스에 왔다. 돌 의자에 달라붙어 있는 두 사람을 본 헤라클레스는 그들을 불쌍히 여겼다. 그는 한 번 힘을 써서 테세우스를 떼어 냈다.

그러나 페이리토오스는 좀처럼 떨어지지 않았다. 헤라클레스는 그를 떼어 내려고 한층 더 세게 잡아당겼다. 그는 지진이라도 일으킬 만큼 힘을 썼지만 페이리토오스는 여전히 돌 의자에 달라붙은 채로 있었다.

그래서 헤라클레스는 신들이 테세우스의 친구가 풀려나는 것을 바라지 않는다는 것을 알았다. 헤라클레스는 그를 거기 그대로 내버려 둔 채 돌아갔다. 따라서 페이리토오스는 다시는 땅 위로 돌아오지 못했다.

오랜만에 아테네로 돌아온 테세우스를 기다리고 있는 것도 유쾌한 일은 아니었다.

우선 제우스의 딸인 아름다운 헬레네를 납치한 일이 그

냥 지나가지 않았다. 헬레네에게는 '카스토르'와 '폴리데우케스'라는 두 오빠가 있었는데 그들은 힘과 용기가 뛰어나기로 이름나 있었다.

그들은 누이가 테세우스에게 납치되었다는 것을 알고는 스파르타 사람들을 독려해서 대규모 군대를 편성한 뒤 아테네로 밀고 들어왔다. 테세우스가 없는 동안 그들은 아테네 사람들의 저항을 물리치고 도시를 약탈했다.

그러나 어디에서도 헬레네는 발견되지 않았다. '아카데모스'라는 사람이 그들에게 헬레네가 숨겨져 있는 곳을 가르쳐 주지 않았더라면, 카스토르와 폴리데우케스는 아테네와 아티카 전 지역을 쑥대밭으로 만들었을 것이다.

아피드나이로 달려간 그들은 누이를 발견해서 해방시켰고 테세우스의 어머니 아이트라를 노예로 잡아갔다. 아들의 어리석음의 대가를 늙은 어머니가 치른 것이었다.

아르고스에서 헬레네는 딸 이피게네이아를 낳았다. 그녀의 오빠들은 테세우스의 자식인 이 아이를 헬레네의 언니 클리타임네스트라에게 주어 돌보게 했다.

클리타임네스트라와 그녀의 남편인 미케네의 왕 아가

멤논은 이피게네이아를 친자식처럼 길렀다. 그래서 이 아이는 그 뒤로 늘 미케네의 진짜 공주인 것으로 여겨졌다. 이 소녀는 뒤에 그리스 배들이 트로이 전쟁을 하러 출항할 때 순풍을 맞을 수 있게 해 달라고 제물로 바쳐졌다.

어리석음의 대가

그러나 카스토르와 폴리데우케스는 테세우스에게 더욱 심한 타격을 주었다. 그들은 아테네를 떠나면서 테세우스의 사촌들 가운데 한 사람인 메네스테우스를 아테네의 왕으로 세웠다.

테세우스가 아테네로 돌아와 보니 그의 왕좌는 이미 다른 사람 차지가 되어 있었다. 그는 왕위를 돌려달라고 요구했지만, 자기가 얻은 왕좌를 포기할 생각이 전혀 없던 메네스테우스는 그 일은 시민들이 결정할 문제라고 주장했다. 메네스테우스는 스파르타와 전쟁이 일어난 것은 테세우스 때문이었다는 사실을 영리하게 이용했다. 그는 백성을 무방비 상태로 내버려 둔 채 사라져 버렸다고 테세우스를 몰아세웠다. 또한 아테네가 심한 파괴와 인명 손실을 당한 것은 테세우스가 임무를 태만히 하고 어디론가 사라져 버렸기 때문이었다고 주장했다.

메네스테우스의 그런 주장은 먹혀들었다. 한때 테세우스를 따르던 아테네 시민들은 이제 그를 쳐다보려고도 하지 않았다. 아테네 사람들은 지도자가 국민의 사랑을 받으려면 끝까지 국민들과 함께해야 한다고 생각했다.

이렇게 해서 테세우스는 영웅적인 행동으로 봉사했으며 왕이 되었을 때 그를 찬양하고 온갖 영예를 돌렸던 도시로부터 버림받았다.

절망에 빠진 그는 폐인이 되어 망명길에 올랐다. 그가 원하는 것은 오직 한 가지, 모든 일에서 해방되는 것이었다. 죽음만이 그런 해방을 줄 수 있었다. 그러나 테세우스는 영웅적인 죽음마저 허락되지 않을 운명이었다.

이리저리 방랑하던 테세우스는 마침내 스키로스섬에 이르렀다. 그곳에 그는 땅을 약간 가지고 있었다. 그러나 그 섬의 교활한 왕 리코메데스가 그 땅을 불법으로 차지하고 있었다.

리코메데스는 그 땅을 테세우스에게 돌려주겠다고 하

면서 그 경계선을 알려 준다는 핑계를 대고 그와 함께 산책을 나섰다. 주위가 잘 보이는 높은 바위로 테세우스를 이끈 그는 갑자기 테세우스를 밀어 절벽 밑으로 떨어뜨렸다.

아테네의 가장 위대한 왕이며 영웅이었던 테세우스는 이렇게 불명예스러운 죽음을 맞고 말았다.

불명예스러운 죽음

비록 테세우스가 만년에 중대한 실수를 저지른 것은 사실이지만, 그렇다고 그가 한 모든 착한 일이 무효가 되는 것은 아니다. 어떤 사람의 일생에서든 결국에 가서 가장 중요시되는 것은 영웅적인 행동과 자기 희생 그리고 관대한 마음이다. 백성들의 눈에는 그런 것들이 통치자의 위대함으로 인식되는 것이다.

테세우스는 백성들에게 많은 봉사를 했고 훌륭한 업적을 이룸으로써 진정으로 위대한 지도자가 되었다. 아테네 사람들이 그를 배척한 때가 있었지만 그 시기는 길지 않았다.

메네스테우스가 트로이 전쟁에서 죽고 테세우스의 아들 데모폰이 아테네의 왕위에 올랐다. 그러자 아테네 시민들은 테세우스의 훌륭한 업적들을 떠올리기 시작했고, 비록 그가 말년에 본의 아니게 그들에게 해를 끼쳤지만 그를 용서하게 되었다.

데모폰은 아버지의 명예를 회복시켰을 뿐만 아니라 용감하게 행동함으로써 아버지를 영광스럽게 했다. 그는 트로이의 성벽 밑에서 싸워서 영예를 얻었을 뿐 아니라, 헤라클레스가 죽은 뒤 에우리스테우스가 그의 아들들을 쳤을 때, 헤라클레스의 아들들을 도왔다. 데모폰의 도움으로 헤라클레스의 아들들은 에우리스테우스를 패퇴시켰고, 목소리만 크고 겁이 많은 미케네의 왕은 그에 걸맞은 죽음을 맞았다.

아테네 사람들은 데모폰을 사랑했다. 그가 한 모든 일을 좋아했을 뿐 아니라 특히 그가 테세우스의 위대한 업적이 잊히는 것을 막아 테세우스가 생전에 누렸던 것보다 더 많은 찬양을 받게 된 것을 기뻐했다.

세월이 흘러 몇백 년이 지나갔다. 그동안 다른 여러 일들은 잊혔지만, 테세우스에 대한 기억만은 보전되었다. 아테네는 힘과 명성이 더욱 높아졌고 이제 그들이 역대 아테네 왕들 가운데 가장 위대한 왕으로 인식하게 된 테세우스에 대한 시민들의 존경심 또한 더욱 커졌다.

뒤에 아테네가 페르시아의 침략에 맞서 전체 그리스 사람들의 자유를 지키고 그리스 전체의 힘과 문화의 중심이 되자, 테세우스에 대한 숭배는 더욱 넓은 지역으로 번져 나갔다. 이제 테세우스는 아테네의 영웅일 뿐 아니라 아테네의 상징이 되었다.

기원전 5세기인 키몬 시대에 아테네 사람들은 테세우스의 유골을 찾아서 아테네로 가져오기로 결정했다. 어디에 가서 유골을 찾아야 하는가를 델포이 신전에 가서 묻자, 스키로스에 가 보라는 신탁이 나왔다.

키몬이 직접 테세우스의 유골을 찾으러 나섰다. 스키로스에 갔더니 독수리 한 마리가 부리를 땅에 박아서 그에게 영웅이 묻혀 있는 장소를 가르쳐 주었다. 키몬이 그곳을 파 본 결과, 키가 크고 체격이 당당한 남자의 유골이 발견되었다. 유골 옆에는 테세우스가 쓰던 청동으로 된 창과 칼이 놓여 있었다. 사실이 그랬는지는 분명치 않지만 그렇게 전해지고 있다.

영원한 영광

테세우스의 유골이 아테네로 돌아오자 시민들은 마치 이 영웅적인 왕이 마지막으로 위대한 업적을 세우고 돌아오는 것처럼 모두 나와 환영했다. 그가 크레타에서 돌아올 때처럼 사람들은 "엘레레브, 로우! 로우!" 하고 외쳐 댔다. 어마어마한 행렬이 이어지고 신들에게 많은 제물이 바쳐지는 가운데, 아테네 사람들은 테세우스를 도시 한복판에 매장했다. 그곳은 약하고 버림받은 사람들이 피난처로 삼던 곳이었다.

이렇게 해서 테세우스는 그가 생전에 도와준 사람들 가운데에 묻혀 영원한 휴식을 취하게 되었다. 뒷날 그의 무덤 위에 웅장한 기념물이 건립되었다. 사람들은 그 기념물을 '테세이온'이라고 불렀다. 최고의 조각가와 화가들이 아테네에서 가장 훌륭하고 가장 사랑받는 영웅이 이룬 영광스러운 업적들을 회상케 하는 조각과 그림으로 이 건물을 장식했다.

  몇백 년이 지난 뒤, 로마 황제 하드리아누스가 아테네 옆에 새로운 도시를 건설하고 구도시에 가장 가까운 관문 위에 이런 글을 새기게 했다.

  '이곳은 아테네, 테세우스의 도시다.'

아이아코스와 펠레우스

정의의 사도 아이아코스

그리스의 가장 위대한 전쟁 지도자 아킬레우스 같은 이름난 영웅들을 배출한 가계의 창설자 아이아코스는 제우스의 아들이다. 또한 그를 낳은 것은 강의 신 아소포스의 아름다운 딸 아이기나였다.

아이아코스가 태어나게 된 이야기 또한 무척 재미있다.

그늘진 강둑에 있던 아이기나를 처음 본 제우스는 그녀의 아름다움에 홀딱 반하고 말았다. 늘 모든 일을 자기 마음대로 처리하는 제우스는 아이기나의 부모에게조차 알리지 않고 그녀를 데리고 가 버렸다.

그러나 이번에는 제우스도 아이기나의 아버지에게 단단히 혼나고 말았다. 아이기나의 아버지 아소포스는 딸을 찾아 집으로 데려오기 위해 하늘과 땅을 샅샅이 뒤졌다. 시시포스로부터 제우스가 딸을 채갔다는 것을 알아낸 아소포스는 서둘러 코린토스 외곽의 숲으로 갔다. 거기서 제우스와 아이기나가 함께 있는 것을 발견했다. 화가 머리끝까지 오른 그는 모든 신들과 인간들이 무서워하는 제우스에게 덤벼들었다.

제우스는 아소포스가 너무나 사나운 기세로 덤벼드는 것을 보고 태어나서 처음으로 두려움을 느꼈다. 갑자기 기습당했으므로 번개를 써 볼 틈도 없었던 제우스는 아이기나의 손을 잡았다. 이어서 그때까지 아무도 본 적이 없는 광경이 벌어졌다. 전능한 제우스가 도망치고 그 순간까지 아무도 힘이 세거나 용감하다고 생각하지 않았던 신 아소포스가 제우스의 뒤를 쫓았던 것이다.

제우스는 결국 빽빽한 덤불 속에 숨었다. 아소포스는 주변을 샅샅이 뒤졌다. 만약 제우스가 자신과 아이기나를 바위로 변하게 하지 않았더라면 곧 그에게 덤벼들었을 것이다.

아소포스는 그들 옆을 지나갔지만 그곳에 그들이 있다는 것을 알아낼 수 없었다. 아소포스가 사라지자 제우스는 다시 아이기나의 손을 잡고 올림포스로 출발했다. 그러나 아소포스는 곧 제우스를 발견하고 올림포스산 기슭까지 그를 쫓아갔다.

그러나 이제 상황이 변했다. 제우스는 높은 방벽 뒤에 앉았고 게다가 번개까지 들고 있었다. 그렇게 보잘것없는 신이 자기를 모욕했다는 사실에 화가 치민 제우스는 가련한 아소포스에게 사정없이 번개를 퍼부었다.

아소포스는 복수에 실패한 채 가까스로 목숨을 건져 코린토스로 돌아갔다. 그리고 우물에 몸을 숨겼다. 아소포스를 찾을 수 없게 되자, 제우스는 그의 이름을 가진 강에 화풀이를 했다.

아소포스강 근처에 갈 기회가 생기면 그 강둑을 따라 걸어 보라. 석탄 덩어리 같은 검은 돌들이 흩어진 모습을 볼 수 있을 것이다. 그 돌들은 제우스가 자기에게 대들었던 아소포스를 벌주기 위해 내리친 번개 때문에 만들어졌다고 전해진다.

아이기나의 왕 아이아코스

이렇게 아소포스를 물리친 제우스는 아이기나를 사로니코스만의 한 섬으로 데려가서 아내로 삼았다. 이 결합으로 아이아코스가 태어났다. 아이아코스는 자라서 섬의 왕이 되었고 그 뒤 이 섬은 '아이기나'라고 불리게 되었다.

신들은 인간의 요구에 귀를 기울이지 않는 게 보통이지만, 제우스의 아들 아이아코스의 부탁만은 예외였다. 세상에서 그처럼 신을 공경하는 사람은 일찍이 없었기 때문이다.

한번은 작은 왕국들 사이에 끝없이 계속되던 전쟁과 분쟁에 넌덜머리가 난 신들이 그리스 전역에 심한 가뭄을 일으켰다. 봄이 왔지만 땅에는 풀잎 하나 자라지 않았다. 당시에 위기가 닥치면 늘 그랬듯이, 굶주린 사람들은 신들이 내린 벌이 끝나게 하려면 어떻게 해야 하는가를 델포이 신전에 가서 물었다.

신탁은 "아이아코스에게 가서 너희들을 위해 신들에게 용서를 빌도록 부탁하라."는 것이었다.

곧 그리스 각지에서 파견한 사절들이 아이기나로 모여들었다. 그들은 모두 똑같은 요구를 지니고 있었다. 그들의 이야기를 들은 아이아코스는 섬의 가장 높은 봉우리로 올라가서 제우스에게 제물을 바쳤다. 그러고는 그리스 사람들이 모두 죽기 전에 그들을 가엾게 여겨 달라고 간청했다.

그의 간청은 즉시 받아들여졌다. 검은 구름이 하늘을 덮더니 시원한 빗줄기가 목 타

는 대지를 때리기 시작했다. 신들이 내린 징벌이 끝난 것이었다.

아이아코스는 또한 진실과 정의를 사랑하는 사람으로도 이름이 높았다. 그가 판결을 공정하게 한다는 소문이 나면서 전국 각지에서 집안이나 이웃끼리의 분쟁을 해결해 달라고 찾아왔다. 신들마저 자신들 사이의 싸움을 해결해 달라고 찾아올 정도였으니 사람들이 찾아오는 것은 당연했다.

대규모 운동 시합이 벌어질 때는 항상 아이아코스가 참석해서 분쟁이 일어나면 최종 심판을 내렸다. 사람들은 아이아코스를 무척 사랑했다. 이 세상에서 가장 정의롭고 진실한 사람인 아이아코스를 멀리서나마 보기 위해 많은 사람들이 운동 경기장에 나오곤 했다.

아이아코스는 죽은 뒤에도 사람들의 행동을 심판하는 일을 그치지 않았다.

그의 올곧은 성격을 높이 평가한 하데스가 그에게 저승문의 열쇠를 맡기고 지하 왕국의 심판관으로 임명했던 것이다. 그래서 그는 지하 세계에서 미노스, 라다만티스와 함께 사람들이 지상에서 한 행동에 따라 사람들에게 상이나 벌을 내리는 일을 했다.

아이아코스는 메가라의 엔디스와 결혼했고 그녀와의 사이에 두 아들을 두었다.

한 아들은 아킬레우스의 아버지인 펠레우스이고 또 한 아들은 아이아스의 아버지인 텔라몬이었다. 아이아스는 트로이 전쟁에서 아킬레우스 다음으로 위대한 영웅이었다.

아이아코스는 정의로울 뿐 아니라 강했다. 아폴론과 포세이돈이 제우스의 명령에 따라 트로이의 성벽을 쌓을 때, 그들은 아이아코스에게 자신들을 도와달라고 청했다. 그의 도움으로 성벽이 난공불락이 되리라고 믿었던 것이다.

그러나 결과는 정반대가 되었다. 성벽이 완성된 뒤, 뱀 세 마리가 성벽을 기어올라 도시 안으로 들어가려 했다. 두 마리는 신들이 쌓은 부분으로 기어오르다가 꼭대기에 이르기 전에 떨어져서 죽었다.

그러나 마지막 한 마리 뱀은 아이아코스가 쌓은 부분을

택해 기어올랐다. 그 뱀은 무사히 성벽을 넘어 도시로 들어가서 사람들을 공포에 떨게 했다.

그러자 아폴론이 예언했다. 트로이가 그리스 사람들에게 두 번 점령당할 텐데 그때마다 점령군 가운데 아이아코스의 자손들이 끼여 있을 것이라는 예언이었다. 이 예언은 사실로 이루어졌다. 트로이가 맨 처음 헤라클레스에 의해 함락되었을 때, 가장 먼저 성벽을 넘은 사람은 아이아코스의 아들 텔라몬이었다. 두 번째로 트로이가 함락될 때는 아이아코스의 손자 아이아스가 공격군 가운데 끼여 있었다.

아이기나에 저주가 내리다

아이아코스는 아이기나를 지혜와 사랑으로 다스렸다. 농부들은 열심히 일했고 노동의 대가로 풍성한 수확을 거두었다. 이 섬사람들이 그렇게 풍성하고 행복한 시절을 맞기는 그때가 처음이었다.

그러나 좋은 일을 망치는 사건은 늘 일어나게 마련이다. 행복을 질투하는 사람들이 나쁜 일을 저지르기도 하지만 더러는 잔혹한 신들이 그 원인이 되기도 한다.

  이번 재앙의 원인은 헤라 여신이었다. 헤라는 아이아코스를 미워했다. 자기 남편 제우스가 다른 여자에게서 아이아코스를 낳았기 때문이었다. 아이아코스가 세상에서 가장 존경받고 사랑받는 인간이 되자 헤라는 복수하기로 마음먹었다.

  처음에 그녀는 단 한 마리 물뱀을 보냈을 뿐이었다. 그 조그만 물뱀 한 마리가 아이기나같이 큰 섬에 무슨 해를 끼칠 수 있을까? 하지만 물뱀은 커다란 해를 잉태하고 있었다. 그 뱀이 수천, 수만 개의 알을 낳았고 곧 섬은 뱀들로 들끓게 되었다. 뱀들은 사람들이 마시는 냇물과 샘물을 오염시켰다. 머지않아 사람들은 갈증으로 견딜 수 없게 되었다.

  다음에 굶주림이 닥쳤다. 뱀들이 풀이란 풀은 다 먹어 치웠기 때문이었다. 곡식의 줄기는 자라지 못했고 섬에서는 물 한 방울도 찾을 수 없게 되었다. 사람들은 마지막 남은 포도주로 마른 목을 축였지만, 그마저 떨어지자 절망에 빠지고 말았다. 이런 시련도 충분치 않다고 생각했던지, 헤라는 병을 가득 담은 뜨거운 남풍을 보냈다. 이 마지막 타격으로 재앙은 완벽해졌다.

굶주림과 갈증, 역병이 아이기나 주민들을 더욱 힘들게 했다. 뼈만 앙상하게 남은 사람들이 야윈 짐승을 이끌고 비틀거리며 제단으로 향했다. 짐승을 제물로 바치면 신들이 자신들을 불쌍히 여기지 않을까 하는 것이 그들의 마지막 희망이었다.

그러나 기진맥진한 그들은 제물을 바치기도 전에 죽어 넘어지기 일쑤였다. 마침내 아이기나에는 아이아코스와 그의 가족 외에는 한 사람도 남지 않게 되었다. 그의 기도를 신들이 들어주지 않은 것은 이번이 처음이었다. 헤라가 다른 신들을 섬에서 멀리 떨어진 곳에 있도록 해 놓았기 때문이었다.

개미가 사람으로 변하다

그러나 아이아코스는 자신의 간청을 제우스가 들을 수 있게끔 하는 방법을 알아냈다. 아이기나에는 성스러운 참나무가 한 그루 있었다. 제우스에게 경배를 드리는 도도

나의 커다란 나무에서 떨어진 도토리가 심겨서 자라난 나무였다.

아이아코스는 그 나무 밑에 서서 신들과 인간의 지배자인 제우스에게 도와달라고 호소했다. 그가 도움을 호소하는 순간, 구름도 없던 하늘에서 한 줄기 번개가 번쩍했다. 제우스가 그의 외침을 들었다는 표적이었다. 그 번쩍하는 빛 속에서 아이아코스는 한 떼의 개미가 나무둥치 속의 개미집을 바삐 드나드는 것을 보았다. 그는 한순간 개미들을 지켜보다가 잎이 우거진 나뭇가지를 향해 두 팔을 들어 올리고 외쳤다.

"오, 아버지 제우스여, 저는 제 가족들과 저를 죽음으로부터 구한 분이 당신이라는 것을 알고 있습니다. 당신은 저를 보호해 주겠다는 뜻을 밝히셨습니다. 하지만 땅을 갈아서 열매를 생산하도록 할 사람들이 남아 있지 않다면 우리만 살아 있다고 한들 그게 무슨 의미가 있겠습니까? 제가 당신의 아들이고 당신이 진정으로 저를 생각하신다면 지금 제 청을 들어주십시오. 이 개미들이 사람으로 변하게 해 주십시오. 그들이 마음씨 좋고 튼튼한 일꾼이 되어서 아이기나에 다시 삶의 기쁨을 가져다주도록 해 주십시오."

아이아코스가 기도를 마쳤을 때, 참나무 가지들이 떨고 나뭇잎들이 바스락 소리를 냈다. 바람이 전혀 불지 않았으므로 그 징조를 보고 아이아코스의 가슴은 희망으로 가득 찼다.

그러나 그때쯤 그는 너무 기진맥진해서 나무뿌리 옆에 털썩 주저앉았다. 그는 곧 잠이 들었고 꿈을 꾸었다. 꿈속에서 그는 또 다시 개미집을 보았다. 셀 수 없이 많은 작은 곤충들이 나오고 있었는데, 그들은 개미집에서 나오자마자 사람으로 변해 버렸다. 남자, 여자 그리고 아이들이 사방으로 퍼져 나가면서 빈 땅을 채웠다.

아이아코스는 그들 사이를 걸어가면서 얼굴을 들여다보고 껴안고 입을 맞추었다. 그러면서 그 꿈이 영원히 계속되기를 바랐다.

그러나 그 순간 아이아코스는 잠에서 깨고 말았다. 즐거웠던 환상이 사라져 버리자 그의 얼굴은 다시 고통으로 일그러졌다. 그의 시선이 개미집를 향했다. 그곳은 텅 비어 있었다. 개미가 단 한 마리도 보이지 않았다. 음울한 절망이 아이아코스의 가슴을 채우고 있을 때, 텔라몬이 달

려오면서 숨을 헐떡이며 소리쳤다.

"아버지, 일어나세요! 믿을 수 없는 일이 일어났어요!"

아이아코스가 일어섰다. 그리고 그가 무엇을 보았겠는가? 아이기나는 사람들로 가득 차 있었다! 남자와 여자들이 땅을 갈고 석수장이와 목수들은 집을 짓고 있었다. 어린 소녀들은 샘에서 물을 긷고 어린아이들은 세상에 아무 걱정도 없다는 듯이 즐겁게 뛰어놀고 있었다. 마치 이 섬에서 그동안 아무 일도 일어나지 않았던 것 같은 광경이었다. 그 사람들 가운데는 아이아코스가 꿈속에서 본 얼굴들이 많았다. 그가 제우스에게 청한 대로 이루어진 것이었다.

이렇게 해서 아이기나의 새로운 주민이 된 이 종족을 '미르미돈'이라고 하는데, 미르미돈은 개미를 뜻하는 그리스 말이다. 이들로부터 무서움을 모르는 아킬레우스의 동료들이 태어났다. 트로이 전쟁에서 큰 공을 세운 미르미돈 사람들은 바로 이들의 자손이다.

아이아코스는 펠레우스와 텔라몬에 이어 세 번째 아들을 얻었다. 그의 이름은 포코스였다. 아이아코스는 막내 아들을 총애하기 때문에 포코스는 형들의 질투를 받게 되었다. 게다가 포코스는 자라나면서 달리기와 힘에서 형들을 능가하기 시작했다.

텔라몬과 펠레우스는 운동 경기에서 늘 다른 경쟁자들을 이겼지만, 이제는 펠레우스가 우승하는 레슬링 종목을 빼고 다른 종목에서는 포코스가 월계관을 차지하게 되었다. 처음에는 단지 시기와 부러움이었던 형들의 감정이 서서히 미움으로 변하기 시작했다.

어느 날 세 형제가 운동장에서 시합을 하고 있었는데 텔라몬이 던진 원반이 엉뚱한 곳으로 날아가서 포코스의 머리를 맞혔다. 포코스는 그 자리에서 죽고 말았다.

텔라몬과 펠레우스는 겁에 질렸다. 동생의 죽음을 초래한 부주의한 행동에 대한 질책도 두려웠지만, 그들이 의도적으로 그런 일을 저질렀을 것이라는 의심을 받을 게 더 두려웠다. 그들이 포코스를 아주 미워했다는 것은 누구나 아는 사실이었기 때문이다. 그래서 그들은 동생의 시체를 몰래 묻어 버리기로 했다. 그들은 가장 나쁜 길을 택한 것이다.

일이 잘못되느라고 시체를 묻다가 현장에서 발각되고 말았다. 그러자 두 형제가 두려워하던 것이 현실이 되고 말았다. 의도적으로 동생을 죽였다는 혐의를 받게 된 것이었다. 그들의 아버지는 그들이 동생을 의도적으로 죽였다고 믿지 않았지만, 그들에게 하루빨리 아이기나를 떠나라고 충고했다. 그것이 가장 좋은 해결책으로 보였다. 그래서 텔라몬은 살라미스로 갔고 펠레우스는 테살리아의 프티아로 피신했다.

살라미스로 간 텔라몬은 일이 잘 풀렸다. 그는 그 섬의 통치자가 되었고 용감함을 인정받아 트로이를 공격할 때 헤라클레스 옆에서 싸울 수 있는 영광을 얻었다.(그 이야기는 제7권 '헤라클레스' 편에 나온다.)

펠레우스

그러나 펠레우스는 일이 잘 풀리지 않았다.

프티아에 도착한 그는 에우리티온 왕의 따뜻한 환영을 받았다. 에우리티온은 펠레우스를 좋게 보고 그에게 왕국의 3분의 1을 떼어 주었을 뿐 아니라 자신의 딸 안티고네와 결혼시키기까지 했다.

그러나 칼리돈의 멧돼지 사냥에서 또 한 번 끔찍한 사고가 일어나서 펠레우스의 일생을 어둡게 했다. 실수로 그가 에우리티온을 죽인 것이다! 두 번째로 엄청난 불운을 맞은 그는 절망에 빠졌다. 그는 자기의 은인이며 장인인 에우리티온의 목숨을 빼앗은 것이다. 펠레우스의 손이 에우리티온의 피로 더럽혀진 이상 그가 프티아의 왕위를 받아들일 수는 없는 노릇이었다. 그래서 그는 왕국에 대한 모든 권리를 포기하고 아내를 장모에게 맡겨 둔 채 방랑의 길에 나섰다.

운명은 그의 발길을 이웃 나라로 인도했고 그곳에서 우연히 그 나라의 왕인 아카스토스를 만났다.

홀로 방랑하던 펠레우스의 몰골은 왕이라기보다는 거지와 같았지만, 아카스토스는 곧 그가 보통 사람이 아니라는 것을 알아보았다.

그의 얼굴을 자세히 뜯어본 아카스토스는 그의 얼굴에 괴로움이 씌어 있는 것을 보고 이렇게 묻지 않을 수 없었다.

"여보게, 젊은이, 자네는 누구인가? 그리고 무엇 때문에 그렇게 괴로워하나? 우리나라에서는 낯선 나그네가 오면 반드시 그에게 음식과 잠자리를 제공한다네. 다른 도움

을 필요로 한다면, 우린 항상 도울 마음의 자세가 되어 있다네."

펠레우스와 아카스토스의 아내

그가 아이아코스의 아들 펠레우스이며 무엇 때문에 양심의 가책을 느끼고 있는지를 알게 된 아카스토스는 그를 정중하게 환영한 뒤 궁전으로 초대했다. 그는 펠레우스가 에우리티온을 죽인 죄를 용서하고 가슴을 짓누르는 슬픔을 잊을 수 있도록 아버지처럼 자상하게 마음을 써 주었다.

펠레우스가 길을 떠날 수 있을 만큼 기력을 회복하고 아내를 다시 대할 수 있을 만큼 용기를 되찾았을 때, 또 한 번의 불운이 그에게 닥쳤다. 아카스토스의 아내인 아스티다메이아 왕비가 그에게 홀딱 반해 버린 것이었다.

어느 날 남편이 외출하고 없을 때, 그녀는 자기 마음을 펠레우스에게 털어놓고 이렇게 덧붙였다.

"나는 나의 사랑과 아름다움 그리고 재산을 당신에게 주겠어요. 그리고 아카스토스가 죽은 뒤에는 이 큰 왕국

전체가 당신 차지가 될 거예요."

그러나 펠레우스의 대답은 그녀가 기대했던 것과는 달랐다.

"나는 내 아내를 사랑하고 당신의 남편을 존경합니다. 그분은 친구로서 나를 도와주셨습니다. 나에게 그런 것을 요구하지 마십시오."

아스티다메이아는 이 대답을 듣고 모욕감을 느꼈다. 그러나 그녀는 수치심을 느끼고 물러서기는커녕 한층 더 나쁜 짓을 했다. 펠레우스의 아내 안티고네에게 다음과 같은 편지를 보냈다.

'나는 당신을 무척 사랑하기 때문에 당신 남편의 배반을 알려 드릴 수밖에 없습니다. 그는 당신에게 돌아가지 않고 내 딸과 결혼할 생각을 가지고 있습니다.'

이 편지를 받은 안티고네는 하늘이 무너져 내리는 듯한 절망감을 느꼈다. 아버지를 잃었을 뿐만 아니라 남편마저 자기를 배반하려 한다는 게 아닌가. 그녀는 이 잔혹한 운명의 장난을 감당할 수 없었다. 아스티다메이아의 말이 거짓말일지도 모른다는 생각을 하지 못한 이 불운한 여인은 목을 매달아 스스로의 생명을 끊고 말았다.

자기 행동이 초래한 끔찍한 결과에 대해 양심의 가책을 전혀 느끼지 않은 사악한 왕비는 어떻게 하면 안티고네의 죽음을 최대한 이용해서 펠레우스를 자기 것으로 만들 수 있을까 만을 생각했다.

물론 펠레우스는 왜 아내가 나쁜 선택을 했는지 전혀 몰랐다. 그가 너무나 슬픔에 젖어 있었으므로 왕비는 이 단계에서 그에게 다시 접근하는 것은 현명하지 못하다는 것을 깨달았다.

아스티다메이아는 생각했다.

'좀 기다려 보기로 하자.'

시간이 흘러 아카스토스의 아버지인 펠리아스 왕을 추모하는 운동 경기가 열리는 시기가 가까워 오고 있었다. 각종 경기에서 우승 월계관을 놓고 다투기 위해 그리스 전역에서 운동선수들이 몰려들었다. 그중에 '아탈란테'라는 아가씨가 있었는데 그녀는 바람보다 더 빨리 달린다고 소문이 난 여자였다.

그러나 아탈란테가 레슬링 솜씨 또한 뛰어나다는 것은

아무도 모르고 있었다. 더욱이 레슬링은 여자들이 한 번도 참가한 적이 없는 종목이었다.

그리스 전체에서 가장 뛰어난 레슬러는 펠레우스였다. 그의 명성이 너무나 높아서 그가 참가하겠다고 선언하자 다른 경쟁자들은 모두 꽁무니를 빼고 말았다. 그래서 그에게 도전할 선수가 한 사람도 없게 되었다.

펠레우스와 아탈란테

아탈란테가 외쳤다.

"그렇다면 제가 펠레우스와 싸워 보겠습니다!"

그 말을 들은 사람들은 모두 깜짝 놀랐다. 심판 가운데 한 사람이 말했다.

"어떻게 그런 일을 허용할 수 있겠소? 여자가 남자와 레슬링을 하다니? 그런 얘기는 들어 본 적도 없소."

다른 심판이 대꾸했다.

"달리 도리가 없지 않소? 펠레우스와 상대하겠다는 남자 선수가 한 명도 없지 않소? 더욱이 우리는 두 선수를 잘 알고 있소. 그들이 규칙을 지킬 것이며 이 성스러운 게임을 모독할 어떤 행동도 하지 않으리라는 것을 확신할 수 있소."

세 번째 심판이 거들었다.

"나도 같은 생각입니다. 그들이 싸울 수 있도록 해야 합니다."

결국 모든 심판이 이 생각에 동의했다. 그래서 레슬링 시합이 벌어졌는데 결과는 무승부였다.

두 레슬러가 펼치는 힘과 기술의 묘기에 구경꾼들이 넋이 빠져 있을 때, 근처에서는 아무도 눈치채지 못한 또 다른 장면이 연출되고 있었다.

아스티다메이아 왕비가 나무 뒤에 숨어서 시합의 한 동작, 한 동작을 지켜보고 있었던 것이다. 펠레우스가 여자, 그것도 아탈란테와 같은 용감하고 무서운 여자와 레슬링하고 있는 것을 지켜보면서, 그녀의 맥박은 점점 더 빨라졌다. 질투심과 놀라움 속에서 두 사람의 시합을 지켜보던 왕비는 펠레우스에 대한 열정이 다시 타오르기 시작했다. 아스티다메이아의 피는 걷잡을 수 없이 끓어올랐다.

그녀는 혼자 중얼거렸다.

"빨리 어떤 조치를 취해야겠어. 그러지 않으면 아탈란테가 그를 차지하고 말겠어. 그의 아내는 이미 오래전에 죽었으니까 이제 경쟁자는 나와 저 여자야."

그러나 아탈란테는 펠레우스를 연인으로 삼겠다는 생각을 한순간도 한 적이 없었고 펠레우스 또한 그녀에게 마음을 두지 않았다. 그래서 아스티다메이아가 다시 사랑을 고백하자 펠레우스는 버럭 화를 냈다.

"당신이 어떤 마음을 갖든지 그건 당신 자유요. 하지만 다른 사람의 마음까지 당신 수준으로 끌어내릴 권리는 없어요. 더욱이 당신은 나에게 피난처와 우정을 베푼 왕을 배반하라고 두 번씩이나 요구할 권리는 없어요!"

아스티다메이아의 귀에는 이 말이 들어오지 않았다. 그녀가 알아들은 것은 다만 펠레우스가 다시 한번 자신의 제의를 거절함으로써 자기를 모욕했다는 것뿐이었다. 그녀는 아무 말도 하지 않았지만 속은 부글부글 끓고 있었다.

아스티다메이아가 중얼거렸다.

"이 대가를 치르게 하고 말겠어. 먼젓번보다 더 비싼 대가를 치르게 하겠어!"

 그리고 그녀는 펠레우스가 자신에게 나쁜 짓을 했다고 남편에게 거짓으로 고해바쳤다. 그녀는 그들 사이에 있었던 일을 거꾸로 뒤집어서 말했다.

 "폐하, 드릴 말씀이 있습니다. 펠레우스는 폐하께서 그에게 베푼 친절에 감사하기는커녕 폐하의 신뢰를 배반하는 행동을 했습니다."

 왕이 어리둥절해하며 물었다.

 "그게 무슨 소리요?"

 "그가 폐하의 아내를 훔치려 했단 말입니다!"

 아카스토스가 깜짝 놀라며 말했다.

 "누구, 당신을? 난 그 말을 믿을 수 없소!"

 수치를 모르는 왕비가 대꾸했다.

 "틀림없는 사실입니다. 그런 믿을 수 없는 짓을 저지른 자는 가혹한 처벌을 받아야 합니다."

 아카스토스가 물었다.

 "하지만 어떻게 처벌한단 말이오?"

 "펠레우스를 죽이지 않는다면 그는 내가 그를 살려 주

라고 간청한 줄 알 거예요. 그러면 그는 다시 그 못된 짓을 하려고 들 거예요."

아카스토스가 걱정이 담긴 목소리로 대답했다.

"내 생각도 왕비의 생각과 똑같소. 하지만 난 손님을 죽일 수 없소. 그랬다가는 제우스의 분노가 우리에게 떨어질 거요. 손님을 잘 대접해야 한다는 제우스의 규칙을 어긴다면 우리 집안에 재앙이 닥칠 거요."

아스티다메이아가 냉정하게 대꾸했다.

"내가 아는 것은 다만 그가 죽어야 한다는 것뿐이에요. 그 방법은 폐하께서 찾아내세요."

페리온에서의 사냥

그래서 아카스토스는 자기 손을 쓰지 않고 펠레우스를 죽게 하는 방법을 궁리했다. 결국 그는 펠레우스를 페리온 산으로 보내 그곳에 숨어 있는 사나운 짐승들을 사냥하게 하기로 했다.

아카스토스는 생각했다.

'그에게 죄가 있다면 어떤 사나운 짐승이 그를 죽이겠

지. 그렇게 되면 그것은 신들이 내리는 벌이지 내가 그를 죽이는 게 아닐 거야.'

그래서 아카스토스는 사냥을 좋아하는 친구들을 불러서 자신의 걱정거리를 그들에게 얘기했다. 그리고 펠레우스를 그 산으로 데리고 가서 가장 사나운 짐승을 사냥하도록 함으로써 그가 죽음을 맞게 하라고 지시했다.

솜씨 좋고 겁 없는 사냥꾼인 펠레우스는 그 초대를 기꺼이 받아들이고 아카스토스의 친구들과 함께 페리온으로 떠났다. 그는 그곳에서 수많은 사나운 동물들을 죽였지만, 자신은 긁힌 상처 하나 입지 않았다.

지금이나 마찬가지로 그때도 사냥꾼들은 자기의 실적을 과장하기 좋아했다. 펠레우스는 뒤에 자기 말이 의심받는 것을 막기 위해 늘 자기가 죽인 짐승들의 혀를 잘라서 허리띠 주머니에 집어넣었다. 이번 사냥에서도 그는 그렇게 했다. 물론 다른 사냥꾼은 이 같은 사실을 모르고 있었다. 그래서 그들은 자기네가 잡지도 않은 짐승을 잡았다고 떠벌릴 수 있었다. 그러나 그들은 거기서 그치지 않고 펠레우스가 죽인 짐승들을 모았다. 그것들을 자기네가 잡았다고 자랑할 속셈으로 그렇게 한 것이었다.

그중 한 사람이 말했다.

"펠레우스가 살아서 돌아온다면 빈손으로 돌아왔다고 그를 조롱하기로 하세. 화를 내며 우리에게 덤벼든다면 그건 우리 잘못이 아니지. 그가 이성을 잃은 탓으로 그에게 어떤 일이 일어난다면 그건 우리 탓이 아니지 않나?"

다른 사람이 맞장구를 쳤다.

"아주 좋은 생각일세! 그게 먹혀든다면 그렇게 해야지. 그러면 아카스토스는 우리에게 후한 상을 내릴 걸세."

세 번째 사람이 속삭였다.

"그가 오고 있네. 빈손으로 오고 있는 것 같군. 우리에게 기회가 왔네!"

펠레우스가 나타나자 그들은 그를 조롱하기 시작했다.

"오늘 운이 나빴던 모양이지? 우린 자네가 사냥꾼인 줄 알았지."

그중 한 사람이 놀렸다.

"토끼 한 마리도 못 잡았나? 그건 너무하잖아? 우리가 잡아 놓은 것들을 보게. 굉장한 괴물들이지."

펠레우스가 빈정거리는 투로 말했다.

"잘들 했군. 하지만 자네들이 죽인 짐승들이 왜 혀가 없는지 말해 줄 수 있겠나? 내 말이 틀렸다면 날 용서하게. 혹시 혀가 있을지도 모르니까."

사냥꾼들은 당황해하며 그를 쏘아보고는 죽은 동물들의 입안을 살펴보았다. 그중 혀가 붙어 있는 것은 한 마리도 없었다.

펠레우스가 그들의 잔꾀를 알아챘다는 것을 알고 한 사람이 화를 내며 말했다.

"그게 어쨌다는 거야?"

"짐승들은 죽었지만 그들의 혀는 자네들이 거짓말쟁이라고 말하고 있네."

펠레우스는 이렇게 말하면서 허리에 차고 있던 주머니에서 잘린 짐승들의 혀를 꺼냈다.

게임은 펠레우스의 일방적인 승리로 끝나고 말았다. 그들이 계획했던 대로 펠레우스에게 싸움을 걸기는커녕 서로 남의 탓을 하며 심하게 말다툼을 벌이기 시작했다. 펠레우스가 말리지 않았다면 그들은 큰 싸움을 벌였을 것이었다.

  이 같은 이야기를 전해 들은 아카스토스는 깊은 시름에 빠졌다. 펠레우스를 죽이려던 계획이 물거품으로 돌아갔을 뿐 아니라 그의 친구들이 오히려 수모를 당했기 때문이었다.

  "그자들은 모두 무능력해. 내가 직접 나서지 않으면 안 되겠는걸."

  아카스토스는 이렇게 말하고는 펠레우스를 만나러 갔다.

  그가 펠레우스에게 말했다.

  "우리 페리온으로 다시 사냥을 가세. 이번에는 우리 단둘이 가기로 하세."

  펠레우스는 기꺼이 그의 제의에 따랐다. 몇 시간 동안 걸은 뒤 지친 그들은 숨을 돌리기 위해 샘가에 앉았다. 샘물을 마신 뒤 펠레우스는 잠시 누웠다. 그러나 그는 너무 피곤했으므로 곧 잠에 빠지고 말았다.

  아카스토스가 미소를 지으며 말했다.

  "내가 바라던 대로 되었어."

그는 펠레우스의 칼을 뽑아서 근처에 있던 동물의 배설물 밑에 숨겼다.

아카스토스가 숨긴 그 칼은 펠레우스가 지니고 있던 유일한 방어 수단이었을 뿐만 아니라 마법의 칼이었다. 그 칼은 헤파이스토스 신이 만든 칼로, 어떤 상대도 번쩍이는 칼날을 피할 수 없는 신비스러운 칼이었다.

"이 칼만 없으면 펠레우스는 끝장이야."

아카스토스는 잠든 펠레우스를 만족스러운 얼굴로 바라보았다.

"그놈들에게 발견된다면 펠레우스는 결코 살아 남지 못할 거야."

그는 이렇게 말하고는 자고 있는 펠레우스를 내버려 둔 채 그곳을 떠나 몸을 숨겼다.

펠레우스와 켄타우로스

얼마 뒤 펠레우스는 턱턱 울리는 발굽 소리에 잠에서 깨었다. 그는 누가 오고 있나 보려고 일어났다. 그의 눈에 들어온 것은 말들이 아니라 그를 향해서 달려오는 켄타우로스들이었다. 그들이 달려오는 모습이 결코 자신에게 호의를 가지고 있는 것 같지 않았다.

위험이 닥쳤다는 것을 직감한 펠레우스는 칼을 뽑으려고 손을 뻗쳤다. 그러나 칼집은 비어 있었다. 그러자 그는 아카스토스를 소리쳐 불렀다. 그러나 그도 어디론가 가고 없었다.

그러는 동안 켄타우로스들은 사납게 앞발을 들고 끝이 뾰족한 창을 던지려고 자세를 취했다. 펠레우스는 온몸에 소름이 돋았다. 그는 무기를 가지고 있지 않은 데다 혼자였다. 그는 자기가 배반당했다는 것을 알았다.

"어떻게 아카스토스가 내게 이런 짓을 할 수 있단 말인가? 그 이유가 무엇이든 간에 나는 지금 싸울 수밖에 없어!"

펠레우스는 돌멩이와 부러진 나뭇가지들을 주워 켄타우로스들을 향해 던졌다.

그러나 사태는 결정적으로 그에게 불리했다. 그 사나운 괴물들이 조금만 더 접근한다면 창으로 그를 꿰뚫을 게 분명했다. 그때 갑자기 덤불 뒤에서 켄타우로스가 뛰쳐나왔다. 펠레우스는 자기 목숨이 경각에 달려 있다는 것을 알았다.

그러나 이 켄타우로스는 무방비 상태의 펠레우스에게 달려들지 않고 자기 형제들을 향해 두 팔을 높이 들어올리더니 외쳤다.

"죄 없는 사람을 죽이는 일을 그만둘 수 없겠어?"

"죄가 없다구? 그는 우리의 샘을 더럽혔어. 그러니까 죽여야 해."

"그는 너희들에게 아무 해도 끼치지 않았어. 게다가 그는 무기도 가지고 있지 않아."

"무기가 없다면 우리에겐 더 잘된 일이지. 그가 아직까지는 우리에게 해를 끼치지 않았다 해도, 우리가 그를 살려 주면 장차 해를 끼칠 거라구. 그러니 어서 비켜. 이번만은 네 말을 듣지 않겠어."

펠레우스는 자기를 지켜 준 켄타우로스를 자세히 뜯어보았다. 그의 머리와 턱수염은 희었고 태도는 점잖았으며 눈은 매우 사려 깊어 보였다. 케이론이 분명했다. 케이론은 신들보다 지혜로운 켄타우로스였다.

케이론은 사물을 투시하는 능력이 있었으므로 그의 눈은 곧 동물의 배설물 밑에 무엇이 있는지를 꿰뚫어볼 수 있었다. 그가 발굽으로 배설물을 밀치자 펠레우스의 칼이 드러났다. 케이론은 재빨리 몸을 굽혀 칼을 집어 펠레우스에게 던져 주면서 외쳤다.

"너희들 조심해! 내가 그에게 준 칼은 마법의 칼이야. 아무도 그 칼의 공격을 피할 수 없어."

펠레우스가 한 손을 뻗어 날아오는 칼을 잡았다. 칼자루를 움켜쥔 그의 얼굴이 검게 변했다. 보기에도 무시무시한 얼굴이었다. 다가오던 켄타우로스들이 걸음을 멈추었다. 그들의 눈에 망설임의 빛이 역력했다. 펠레우스는 한 팔을 높이 들어 공격 자세를 취했다.

케이론이 소리쳤다.

"물러서, 물러서지 않으면 너희들은 죽어!"

그 소리를 듣고 켄타우로스들은 돌아서서 숲속으로 도망쳤다. 두려워서 도망쳤다기보다는 그들의 현명한 형제 케이론의 뜻을 거역할 수 없었기 때문이었다.

잠시 뒤 아카스토스가 나타났다.

"배반자!"

펠레우스가 위협적으로 칼을 들어 올리며 으르렁거렸다.

"우리 둘 중에 누가 배반자인지는 신들이 잘 알고 있을 게다."

아카스토스도 이렇게 대답하며 화가 나서 칼을 뽑아 들었다.

케이론이 소리쳤다.

"당신들은 둘 다 배반자가 아니오! 당신들을 배반한 사람은 아스티다메이아 왕비요."

케이론은 일의 전말을 모두 이야기했다.

"가엾은 안티고네!"

펠레우스와 아카스토스는 이렇게 외치고는 서로 얼싸안았다.

아카스토스가 말했다.

"아스티다메이아는 이 대가를 톡톡히 치르게 될 거야."

케이론이 말했다.

"암, 그래야지."

아스티다메이아는 재판을 받고 사형을 언도받았다. 두 친구는 그녀를 불쌍히 여겨 목숨만은 살려 주었다. 그러나 그녀는 복수의 여신들의 시달림을 받아 제정신을 잃었고 아무도 없는 곳에서 혼자 죽고 말았다.

펠레우스와 테티스

펠레우스는 뒤에 프티아로 돌아가서 다시 왕이 되었다. 그러나 이 부분에서 우리의 흥미를 가장 끄는 것은 그의 재혼에 대한 이야기다. 신들이 인간을 아내로 맞아들이는 일은 흔했지만 여신이 인간을 남편으로 맞아들이는 일은 일찍이 없었다.

펠레우스가 어떻게 예외적인 존재가 되었는가가 바로 우리의 흥미를 끄는 이야기이다.

펠레우스와 결혼한 여신은 네레이데스 가운데서도 가장 아름다운 테티스였다. 네레이데스는 바다의 깊은 물속에서 사는 늙은 해신 네레우스의 아름다운 딸들이다.

그러나 테티스가 펠레우스와 결혼한 것은 자기 뜻에 따라서가 아니라 올림포스 신들의 명령에 따른 것이었다.

신들이 그런 결정을 내린 데는 그럴 만한 이유가 있었다.

테티스는 제우스의 사랑을 받고 있었다. 제우스는 오래전부터 그녀를 자기 아내로 삼고 싶어 했다. 그러나 테티스는 그와의 결혼을 원하지 않았다. 제우스가 매력이 없어서가 아니라 자신의 좋은 친구인 헤라의 마음을 아프게 하고 싶지 않았기 때문이었다.

그래도 제우스는 자기 생각을 고집했다. 그러나 제우스가 모르는 게 있었다. 테티스는 결혼하면 장차 자라서 자기 아버지보다 더 강해질 아들을 낳도록 운명 지어져 있었다. 이 비밀은 프로메테우스만이 알고 있었다. 프로메테우스는 또한 제우스가 테티스와 결혼한다면 그녀가 낳는 아들이 장차 제우스를 왕좌에서 밀어 내리라는 것도 알고 있었다.

프로메테우스는 이 사실이 제우스의 귀에 들어가지 않도록 비밀을 지켜 왔다. 왜냐하면 제우스가 그를 카프카스의 산속 바위에 쇠사슬로 묶어 놓았기 때문이다. 그러나 마침내 프로메테우스는 자기가 간직했던 비밀을 털어놓기로 했다. 그래서 세상의 통치자는 그 결혼이 얼마나 무서운 것인지를 알게 되었다.

　제우스는 생각했다.

　'하지만 테티스는 다른 신과 결혼해서는 안 돼. 인간만이 그녀와 결혼할 수 있어. 그러면 그녀가 낳는 아들이 아무리 강해져도 올림포스의 왕좌를 위협하지 않을 거야. 그는 역시 인간에 불과할 테니까.'

　제우스의 결정을 들은 테티스는 말할 수 없이 슬펐다. 하지만 헤라가 그녀에게 동정과 격려를 아끼지 않았다.

　헤라가 테티스에게 말했다.

　"여신의 남편은 인간이 아니라 신이어야 한다고 생각해. 하지만 제우스의 명령은 그것이 좋든 나쁘든 바뀔 수가 없어. 하지만 모든 면에서 신들과 동등한 인간이 있어. 그 사람이라면 네가 남편으로 맞아도 손색이 없을 거야."

　그러나 테티스는 그가 비록 모든 면에서 신들과 동등하다고 해도 한 가지 다른 점이 있다는 것을 잘 알고 있었다. 그녀는 영원한 청춘을 누릴 수 있지만, 그녀의 남편은 늙어서 결국은 죽고 말 것이었다. 남편이 친절하고 고상할수록 그가 죽었을 때 겪게 될 아픔은 더욱 크리라는 것을 알고 있는 그녀가 어떻게 그런 결혼을 달가워할 수 있었겠는가.

테티스는 생각했다.

'내가 무슨 죄를 지었길래 이런 운명을 타고난 걸까? 차라리 제우스와 결혼해 버렸다면 지금쯤 나는 여신들 가운데서도 으뜸이 되었을 게 아닌가!'

헤라가 말을 이었다.

"네가 슬픔과 의심으로 가득 차 있는 걸 보니 내 마음도 슬프구나. 하지만 너에게 추천할 만한 사람이 한 사람 있어. 영웅이고 고상한 왕인 그 사람은 신들과 사람들로부터 다 같이 존경과 사랑을 받고 있단다. 그는 아이아코스의 아들 펠레우스야. 아이아코스는 제우스의 아들이기도 하지. 그리고 이걸 알아야 해. 너와 펠레우스가 장차 그리스에서 가장 위대한 장군이 될 아들을 낳을 거라고 운명의 책에 쓰여 있어."

테티스가 반발했다.

"그렇다면 난 남편의 죽음뿐만 아니라 가엾은 아들의 죽음까지도 슬퍼해야겠군요. 그보다 더 슬픈 운명이 어디 있겠어요?"

헤라가 부드럽게 말했다.

"네 심정이 어떻다는 건 이해해. 다시 한번 말하지만 이건 제우스의 결정이야."

테티스가 소리쳤다.

"그렇다면 내 결정을 들어 보세요. 그가 나와 레슬링을 해서 이기지 못하면 나는 펠레우스와 결혼하지 않겠어요!"

그 말이 무슨 뜻인지 잘 알고 있던 헤라는 실망한 채 돌아갔다. 헤라는 어떤 신, 어떤 사람도 레슬링을 해서 테티스를 이길 수 없다는 것을 잘 알고 있었다. 헤라는 우울한 얼굴로 올림포스로 돌아가서 테티스의 도전적인 태도를 신들의 회의에 보고했다.

신들은 당황했다. 그런 시합을 한다면 테티스가 펠레우스를 이길 것이고 그러면 제우스의 뜻에도 불구하고 둘의 결혼은 이루어지지 않으리라는 것을 그들 모두 잘 알고 있었기 때문이었다. 그러나 아프로디테만은 생각이 달랐다.

그녀가 미소를 지으며 말했다.

"이런 시합에서는 다른 종류의 힘이 작용할 수도 있지요. 사랑의 힘 말예요!"

제우스는 그 말의 뜻을 이해했다. 그래서 신들은 테티스의 조건을 받아들이기로 결정 내렸다. 그런 다음 신들은 케이론을 그 소식을 펠레우스에게 전하는 사절로 임명했다. 펠레우스는 테티스와는 달리 이 시합에서 이길 것이라고 믿고 있었다.

펠레우스가 케이론에게 말했다.

"난 꼭 그녀를 이기겠습니다. 그녀가 아탈란테보다 더 레슬링을 잘 한다고 해도 말입니다. 그것이 그녀를 내 아내로 맞을 수 있는 하나의 방법이라면 나는 젖 먹던 힘까지 다 써서 싸우겠습니다."

케이론이 대답했다.

"그녀는 아탈란테보다 더 훌륭한 레슬러가 아닐지도 몰라. 하지만 그녀는 아탈란테가 가지고 있지 않은 능력을 가지고 있다네. 그녀의 아버지인 늙은 네레우스와 마찬가지로 테티스는 싸우다가 갑자기 모습을 바꿀 수 있다네.

사자나 뱀 또는 황소, 심지어 물로 변할 수도 있지. 그 점이 자네에게는 가장 어려울 걸세."

그러나 펠레우스는 그 말을 대수롭지 않게 여기고 테티스와 시합하기로 마음먹었다. 그는 자기의 사랑스러운 상대가 무엇으로 변하든 간에 이길 수 있다는 자신감에 넘치고 있었다.

케이론이 이야기를 매듭지었다.

"그렇다면 난 자네에게 어디에 가면 그녀를 찾을 수 있는지만 얘기해 주면 되겠군. 페리온산 남단에 있는 세피아스곶으로 가게. 테티스를 모신 신전이 거기에 있지. 그 여신은 매달 보름 때면 그 해안에 나타난다네. 그다음 일은 자네 하기에 달렸네."

여신과의 싸움

다음 보름 때가 되자 펠레우스는 그 해변으로 가서 덤불 뒤에 숨어 초조하게 기다렸다. 그러자 갑자기 검은 물결이 소용돌이치더니 테티스가 나타났다. 푸른 눈에 키가 크고 아름다운 그녀의 모습을 보고 펠레우스는 넋을 빼앗겼다. 자기 앞에 나타난 테티스보다 더 아름다운 여인은 꿈에서도 볼 수 없다고 생각했다. 이 여신이 자기 아내가 될지도 모른다는 생각으로 펠레우스는 온몸이 떨렸다.

그는 다짐했다.

'죽기 살기로 싸워서 꼭 이기고야 말겠어.'

그리고 그는 한순간의 주저함도 없이 여신에게 달려들어 그녀의 허리를 꽉 거머쥐었다. 테티스는 놀라움과 두려움의 비명을 질렀다. 그러나 그녀는 곧 상대가 누구인지를 깨닫고는 사나운 기세로 펠레우스에게 덤벼들었다. 그녀가 사납게 반격했지만 펠레우스는 잡은 허리를 놓지 않았다. 테티스가 그에게서 벗어나려고 안간힘을 썼지만 펠레우스는 그녀의 허리를 거머쥔 양팔에 더욱 힘을 주었다. 테티스는 그의 균형을 무너뜨리려고 했지만 아무 소용이 없었다. 무서운 레슬러가 자기를 거머쥐고 있다는 것을 깨달은 그녀는 자기가 가진 모든 능력을 사용해야 그를 이길 수 있다고 생각했다.

"어디 한번 견뎌 봐라!"

테티스는 이렇게 외치면서 순식간에 물보라로 변해 펠

레우스를 흠뻑 적셔 버렸다. 다음에 그녀는 회오리바람으로 변해서 펠레우스를 날려 버리려 했고 그다음에는 사자로 변신해서 날카로운 발톱으로 펠레우스의 몸을 사정없이 할퀴었다. 그다음에는 말파리로 변해서 그를 마구 쏘아 댔으며 그다음에는 뱀으로 변해서 펠레우스의 사지를 친친 감았다.

그러나 테티스가 아무리 맹렬하게 공격해도 펠레우스는 더욱 거세게 반격했다. 펠레우스는 아무리 비싼 대가를 치르더라도 그녀를 아내로 삼고 말겠다는 결의에 차 있었다. 테티스는 아무리 해도 그가 싸움을 포기하지 않으리라는 것을 알았다. 그녀가 무엇으로 변신해도 펠레우스는 그녀를 잡은 팔에 더욱 힘을 주며 놓지 않았다.

펠레우스의 용기에 감동한 테티스는 변신하려는 노력을 포기하고 아름다운 여신으로 되돌아왔다. 펠레우스는 그녀를 놓칠까 두려워서 두 팔로 그녀를 꽉 껴안았다.

그러나 이미 테티스는 도망칠 생각이 없었다. 다정한 눈길로 펠레우스를 바라보면서 그의 품에 폭 안겼다. 마침내 테티스가 싸움을 포기했다. 펠레우스가 바다의 여신을 아내로 차지했다. 사랑의 힘으로 불가능한 일이 이루어진 것이었다. 아프로디테의 생각이 옳았다.

곧 그들의 결혼식이 거행되었다. 질투의 여신인 에리스가 운명의 황금 사과를 떨어뜨린 것은 모든 신이 참석한 펠레우스와 테티스의 결혼 잔치에서였다. 그 사과에는 '가장 아름다운 이에게'라는 단 세 마디 말이 새겨져 있었다. 이 말은 인류에게 커다란 재앙을 불러오게 된다.

이 흥미로운 이야기는 다른 책인 <일리아드>의 첫머리가 된다. 여기서는 다만 프로메테우스가 예언했던 대로 테티스가 낳은 아들이 자라서 아버지보다 더 강한 용사가 되었다는 이야기기만으로 충분할 것이다. 그 용사는 트로이 전쟁에서 그리스의 승리를 이끈 가장 위대한 장군 아킬레우스이다.

아탈란테와 멜레아그로스

아탈란테

아르카디아의 왕 라시온이 아버지가 되려 하고 있었다. 그의 가장 큰 바람은 아내가 왕위를 계승할 아들을 낳았으면 하는 것이었다.

그러나 그의 아내는 딸을 낳고 말았다. 그러자 라시온은 화가 나서 신하들에게 갓 태어난 아기를 산에 갖다 버리라고 명령했다. 아내의 눈물도, 부모들의 간청도 이 잔혹한 왕의 마음을 바꿀 수는 없었다. 그래서 이 불운한 아기는 궁전에서 멀리 떨어진 칼리돈 근처의 숲에 버려

졌다.

곰이 이 아기를 발견했다. 곰은 아기를 불쌍히 여겨 아기에게 젖을 먹이고 자기 새끼와 함께 키웠다. 이렇게 해서 아기는 죽음을 면하게 되었고 결국에는 사냥꾼들에게 발견되었다.

사냥꾼들은 그 소녀를 데려다가 '아탈란테'라는 이름을 지어 주고 딸처럼 키웠다. 아탈란테는 사냥꾼들과 함께 숲에서 건강하고 씩씩하게 자라났다. 그녀는 산양처럼 민첩하게 언덕을 오르내릴 수 있었고 사슴처럼 재빨리 숲속을 달릴 수도 있었다.

아탈란테는 아르테미스 여신 못지않은 사냥 솜씨를 가진 여자 사냥꾼이 되었다. 따라서 머지않아 '아탈란테'라는 이름이 그리스 전역에 널리 알려지게 되었다. 그 시절에 운동 시합은 여자들의 참가가 허용되지 않았지만, 그녀만은 예외적인 존재가 되었다. 그녀는 젊은 남자들과 함께 운동 경기에 참가했고 늘 궁술과 달리기에서 남자들을 이겼다. 레슬링에서도 그녀는 적수가 없을 정도였다. 그래서 가장 무서운 레슬러인 펠레우스에게 도전함으로

써 다른 레슬러들의 낯을 못 들게 하기도 했다.

경기가 끝나고 스탠드에 올라간 그녀의 머리 위에 승자의 월계관이 쓰일 때면, 사람들은 세상이 떠나갈 듯한 소리로 환호를 보냈다. 마치 그녀가 단순한 운동 경기의 승자가 아니라 올림포스에서 내려온 위대하고 강력한 여신이 아닌가 착각할 정도였다.

뛰어난 재능과 용모를 지닌 아탈란테를 보자 그리스의 용기 있는 청년들은 그녀를 아내로 탐냈다. 그러나 아탈란테는 산에서 사는 자유로운 생활을 좋아했고 결혼할 생각은 전혀 없었다. 어떤 영웅이 아탈란테에게 청혼할 때면, 그녀는 이렇게 대꾸하곤 했다.

"당신이 나를 아내로 원한다면 달리기를 해서 나를 이겨야 해요."

세상에는 그녀만큼 빨리 달릴 수 있는 사람이 아무도 없었기 때문에 아탈란테는 언덕의 차가운 공기를 마음껏 마시는 자유로운 생활을 계속할 수 있었다.

멜레아그로스

그녀를 사랑한 남자들 가운데 영웅 멜레아그로스가 있었다. 그러나 그는 그녀에게 무안당할까 두려워서 자기의 마음을 겉으로 드러내지 않았다. 그 역시 뛰어난 운동선수였지만, 달리기에서 아탈란테를 이길 수 없다는 것을 알고 있었다. 그래서 그는 감정을 묻어 둔 채 이다스 왕의 딸인 클레오파트라와 결혼했다.

그러나 멜레아그로스는 여전히 아탈란테를 잊지 못하고 있었다. 이 같은 그의 감정은 유명한 칼리돈의 멧돼지 사냥에서 분명히 드러나게 되었다.

멜레아그로스는 칼리돈의 오이네우스 왕의 아들이었다. 그가 태어난 지 7일밖에 안 되었을 때, 운명의 여신들이 그의 어머니 알타이아에게 나타났다. 그러고는 그녀의 아들이 난로에서 타는 통나무가 재로 변하는 순간 죽을 것이라고 경고했다.

이 말을 들은 알타이아는 물주전자를 들어 타고 있는 나무에 물을 부어 불을 끈 다음, 검게 탄 나무를 장롱 밑에 감추었다.

멜레아그로스는 살아났고 힘센 미남 청년으로 성장했다. 그는 강한 영웅이었으며 그의 세대의 그 누구도 대적할 수 없는 전사였다. 창이나 칼, 화살로도 그를 해칠 수 없었으며 병이나 위험도 그에게 타격을 줄 수 없었다. 그의 어머니가 깊이 감추어 놓은 통나무가 불에 타서 재가 되기 전에는 죽음이 그에게 찾아올 수 없기 때문이었다.

칼리돈의 멧돼지 사냥

멜레아그로스의 아버지 오이네우스는 아들이 너무 자랑스러운 나머지 해마다 여러 신에게 풍성한 제물을 바쳤다. 자기에게 권력과 부를 주었을 뿐 아니라 칼리돈의 왕위를 계승할 훌륭한 아들을 준 데 감사하기 위해서였다.

그러나 어느 해 오이네우스는 큰 실수를 저지르고 말았다. 그는 모든 신에게 선물을 바치면서 유독 아르테미스 여신만은 빼놓았던 것이다. 하늘에서 내려다보고 있던 태양신 헬리오스는 오이네우스가 저지른 실수를 잘 알고 있었다. 그는 어떤 인간이 그녀에게 불경스러운 짓을 저지르면 아르테미스에게 알려 주기로 약속한 터였으므로 오이네우스의 실수는 곧 아르테미스 귀에 들어갔다.

칼리돈에 떨어진 벌은 너무나도 끔찍했다. 거대한 바늘 같은 엄니를 가진 커다란 멧돼지가 온 땅을 헤집고 다니면서 곡식을 못 쓰게 만들고, 목동들의 오두막을 무너뜨리고, 사람들과 동물들을 마구 죽이기 시작했다. 멧돼지를 사냥할 수 있다고 생각한 사람들이 나섰지만 멧돼지와의 일방적인 싸움에서 곧 죽음을 맞고 말았다.

멧돼지의 피해를 없애는 것이 매우 어렵다는 것을 안 오이네우스 왕은 많은 영웅이 참가한 대규모 사냥 대회를 열기로 했다. 물론 이 대회에 참가한 으뜸가는 사냥꾼은 그의 아들 멜레아그로스였다.

그리스 구석구석에서 대담하고 용감하기로 소문난 사람들이 오이네우스의 부름에 응해 칼리돈으로 왔다. 그들 중에는 스파르타에서 온 카스토르와 폴리데우케스, 프티아에서 온 펠레우스와 에우리티온, 살라미스에서 온 텔라몬, 메세네에서 온 이다스, 아테네에서 온 테세우스, 라리사에서 온 페이리토오스, 이올코스에서 온 이아손, 페라이에서 온 아드메토스, 아르고스에서 온 암피아라오스,

테게아에서 온 안카에오스와 케페우스 그리고 아탈란테도 있었다.

그런데 남자 사냥꾼은 동료들로부터 환영을 받았지만, 아탈란테는 그들로부터 배척을 받았다. 안카에오스와 케페우스가 항의하기 시작했다. 안카에오스가 물었다.

"이 사냥에 왜 여자가 필요하죠?"

그의 동생 케페우스가 맞장구를 쳤다.

"그녀는 우리에게 불운만 가져올 것입니다."

그러나 멜레아그로스는 강력하게 아탈란테를 옹호했다.

"그녀는 우리들 가운데서 가장 뛰어난 사냥꾼입니다!"

케페우스는 그의 말이 옳다는 것을 알고 있었으므로 입을 다물었지만 안카에오스는 이렇게 되받았다.

"사냥이 시작되면 누가 가장 훌륭한 사냥꾼인지 곧 알게 될 거요!"

멜레아그로스도 동의했다.

"그건 옳은 말씀입니다."

결국 그들은 아탈란테도 함께 가는 것에 동의했다.

오이네우스는 9일 동안 사냥꾼들을 융숭하게 대접했다. 그들은 10일째 되는 날 출발했다. 모두들 자기가 멧돼지를 잡아서 괴물의 가죽과 엄니는 물론이고 오래 남을 명예와 영광을 차지하겠다고 다짐했다.

사냥이 시작되었다. 멧돼지를 소굴에서 끌어내기 위해 개들이 앞에서 달려나가면서 냄새를 맡으며 요란하게 짖어 댔다.

그런데 마침 근처에 있던 두 명의 켄타우로스가 그 소음을 듣고 나타나서 혼자서 개들 바로 뒤를 쫓고 있던 아탈란테를 보았다. 그녀의 아름다움에 매혹된 켄타우로스들은 그녀에게 달려들었다. 이어 아탈란테와 욕정에 사로잡힌 켄타우로스들 사이에 격렬한 싸움이 벌어졌다.

켄타우로스들은 그녀의 아름다운 몸에 그런 무서운 힘이 숨겨져 있으리라고는 꿈에도 생각하지 못했다. 아탈란테 뒤를 따르고 있던 멜레아그로스가 위험에 빠진 그녀를 도우러 왔다. 그러나 그는 곧 아탈란테가 자기는 물론이고 그녀를 지원하기 위해 달려온 다른 영웅들의 도움을 필요로 하지 않는다는 것을 알 수 있었다. 두 켄타우로스가 이미 죽어 있었다.

그 광경을 본 사람들은 모두 그녀를 찬탄했다. 그들은 사냥에서 그녀를 제외하려 했던 안카에오스의 생각이 얼마나 잘못된 것이었던가를 깨달았다.

얼마 뒤 개들이 멧돼지 있는 곳을 찾아냈다. 멧돼지가 사냥꾼들을 향해 돌진해 왔을 때 멜레아그로스와 아탈란테는 다른 쪽에 있었다. 눈 깜짝할 사이에 두 명의 용감한 영웅이 죽어 넘어졌고 다른 두 명이 심한 부상을 입었다. 보통 멧돼지의 두 배쯤 되는 괴물의 거대한 엄니에 꿰뚫린 것이었다.

사냥꾼들은 겁에 질려 그 자리에 우뚝 서 있었다. 이 짧은 충돌이 이런 큰 피해를 냈다면, 장차 얼마나 더 큰 피해가 뒤따를 것인가? 그때 이아손과 테세우스, 텔라몬이 용기를 가다듬고 멧돼지를 향해 창을 던지고 화살을 날리기 시작했다. 그러나 아무 소용이 없었다. 멧돼지가 번개처럼 빠른 속도로 이리저리 달려 정확한 조준이 불가능했기 때문이다. 텔라몬이 날린 화살 한 개가 멧돼지의 등을 스쳤지만 멧돼지는 아무런 상처도 입지 않았다.

 다음 순간 테세우스가 던진 창이 멧돼지의 엄니 가운데 하나를 스치고 에우리티온의 가슴에 박혔다. 에우리티온은 그 자리에서 죽고 말았다.

 이 세 번째 죽음이 사냥꾼들의 사기를 더욱 떨어뜨렸다. 그들은 아르테미스 여신이 이 멧돼지를 보호하고 있는 게 아닌가 의심하기 시작했다. 그래서 멧돼지는 전혀 상처를 입지 않고 오히려 동료들에게 피를 흘리게 한 것이라고 생각했다.

아탈란테 덕분에 얻은 승리

이런 상황에서 아탈란테와 멜레아그로스가 멧돼지 쪽으로 달려왔다. 아탈란테가 날린 화살 한 개가 상황을 확 바꾸어 놓았다. 화살은 멧돼지의 귀 바로 아래에 박혔다. 괴물은 고통스러운 비명을 요란하게 질렀다. 멧돼지는 아직 서 있기는 했지만 오래가지 못하리라는 것이 분명했다.

대부분의 영웅들은 아탈란테의 성공에 열광적으로 환호했지만 안카에오스만은 빈정거렸다.

"그게 뭐 대단하다구? 남자가 어떤 일을 할 수 있나 보라구!"

그는 이렇게 말하면서 도끼를 들어 올려 엄청난 힘으로 내리쳤다. 그러나 멧돼지는 슬쩍 옆으로 도끼날을 피했고 다음 순간 안카에오스는 자기가 내리친 도끼에 몸이 두 쪽으로 갈라지고 말았다. 그는 금방 숨을 거두었다.

한편 멧돼지는 날카로운 비명을 질러 대면서 빙글빙글 원을 그리며 달리고 있었다. 멧돼지는 발굽으로 화살을 머리에서 뽑아 내려고 했지만 오히려 상처만 더 커질 뿐이었다. 상처에서 피가 펑펑 쏟아졌다.

잠시 뒤 사냥꾼들은 두 번째 화살을 멧돼지에게 꽂았다. 암피아라오스가 멧돼지의 눈에 화살을 맞혔던 것이다. 멧돼지는 고통을 이기지 못하고 펄쩍펄쩍 뛰면서 도망갈 길을 찾으려고 했다. 테세우스가 그 앞을 가로막았다. 죽음의 위기에 몰린 멧돼지는 남은 힘을 다해 테세우스를 향해 돌진했다.

그러나 그보다 한 발 빨리 멜레아그로스가 옆에서 뛰어들며 날카로운 칼로 멧돼지 옆구리를 찔렀다. 칼날은 멧돼지의 심장까지 이르렀다. 모든 일이 끝났다. 그 무시무시한 괴물이 죽어 넘어졌던 것이다. 칼리돈의 멧돼지 사냥이 끝났다.

그러나 그것으로 아르테미스 여신의 노여움이 끝났다고 말할 수는 없었다. 여신은 자기를 소홀히 대한 칼리돈의 재앙이 걷힌 것을 두고 볼 수 없었다.

칼리돈 사람들은 아르테미스 여신에게 제물을 바치지 않음으로써 그녀를 보잘것없는 신처럼 대했다. 그런데 멜레아그로스가 멧돼지의 가죽을 벗겨 아탈란테에게 줌으로써 그녀의 상처 입은 자존심을 달래 줄 기회가 찾아왔다.

멜레아그로스가 말했다.

"당신의 화살이 가장 먼저 명중했소. 이 가죽은 당신 것이오."

이 말을 들은 멜레아그로스의 외삼촌 플렉시포스는 기분이 상해서 벌떡 일어나 따졌다.

"자네가 무슨 권리로 그 가죽을 아탈란테에게 주나? 자네가 멧돼지를 죽였어. 자네가 그것을 가지고 싶지 않다면 내가 갖겠네. 내가 이중에서 가장 연장자니까."

멜레아그로스가 대답했다.

"영예는 아탈란테에게 돌아가야 합니다. 그녀가 치명상을 입히지 않았다면 나는 이 괴물을 죽이지 못했을 겁니다. 그리고 내가 마지막 일격을 가하지 않았더라도 이놈은 그녀가 입힌 상처 때문에 결국 죽고 말았을 겁니다. 그건 사실입니다."

플렉시포스의 동생이 증오에 찬 눈으로 멜레아그로스를 노려보며 빈정거렸다.

"자네는 여자 때문에 머리가 돌았군."

플레우론과의 전쟁

멜레아그로스는 그 조롱을 참을 수 없었다. 분노에 눈이 먼 그는 그들이 외삼촌이라는 사실도 잊은 채 칼을 뽑아 들었다. 보이지 않는 아르테미스가 그의 손을 이끌었다. 그는 두 외삼촌을 죽이고 말았다.

그의 어머니와 마찬가지로 외삼촌들은 플레우론 출신이었다. 플레우론은 사나운 전사인 쿠레트족이 사는 도시였다. 이 살인 소식이 전해지자 플레우론은 칼리돈에 선전 포고를 했다. 아르테미스가 원하던 바였다.

아르테미스는 만족해했다.

"칼리돈은 잿더미가 되고 말 것이다."

어머니의 저주

그러나 멜레아그로스를 지도자로 내세운 칼리돈 사람들은 쿠레트족의 침입을 막아 냈을 뿐 아니라 그들을 플레우론까지 추격했다. 쿠레트족은 요새 안에 들어가 피신했다.

칼리돈 사람들은 모두 젊은 왕자를 구원자로 생각했지만, 그가 망하기를 바라는 사람이 있었다. 바로 어머니였다. 알타이아는 자기가 낳았고 또 그렇게 깊이 사랑했던 아들이 자기 형제를 둘이나 죽였을 뿐 아니라 남은 가족들에게마저 수치를 주었다는 사실을 믿을 수가 없었다. 알타이아의 남은 두 동생은 플레우론의 성안에 쥐처럼 갇혀 있었던 것이다.

알타이아의 모성애는 증오로 바뀌었다. 그녀는 하데스

와 페르세포네에게 자기 아들을 어둠의 왕국으로 데려가 달라고 밤낮으로 빌었다.

어머니가 자기가 죽기를 빌고 있다는 이야기를 전해 들은 멜레아그로스는 깊은 상처를 받았다. 그는 쿠레트족에 대한 공격을 즉시 그만두고 아내 클레오파트라와 함께 집에 은둔해 버렸다. 어머니가 자신의 죽음을 바란다는 것은 그가 꿈에도 상상할 수 없는 일이었다.

지도자를 잃은 칼리돈 군은 금방 형세가 불리해졌다. 쿠레트족이 플레우론의 포위를 풀고 칼리돈 군을 추격해 왔다. 그들은 살인과 파괴를 일삼았다. 그의 동포들이 멜레아그로스에게 어서 다시 싸움터로 나와 칼리돈을 구해 달라고 간청했지만 아무 소용이 없었다.

멜레아그로스는 아버지의 명령도, 아내의 간청도, 누이들의 탄원도 물리쳤다. 도시에 닥친 끔찍한 운명을 본 어머니까지 자기가 했던 행동을 뉘우치고 그에게 다시 무기를 들고 너무 늦기 전에 적군을 물리쳐 달라고 애원했다.

그러나 너무나 감정이 상한 멜레아그로스는 그들의 간청을 고집스럽게 무시했다. 그러는 동안 쿠레트족은 성문을 깨뜨리고 도시로 들어와서 방화와 살인, 약탈을 일삼았다. 그들은 멜레아그로스의 집 앞에까지 와서 문을 부수려고 했다. 그래도 그는 꼼짝하지 않았다. 그의 노여움이 너무나 컸기 때문이었다.

마침내 젊은 아내 클레오파트라가 그의 발아래 쓰러져서 아직 시간이 있을 때 칼리돈을 구하라고, 노예로 끌려가게 될 칼리돈의 여자들과 아이들을 불쌍히 여겨 달라고 눈물을 흘리면서 간청했다. 그녀는 이렇게 덧붙였다.

"당신의 아내와 누이가 끌려가서 수치를 당하는 것을 보고 있을 작정이세요?"

이 말이 결국 영웅의 마음을 바꾸어 놓았다. 멜레아그로스는 벌떡 일어나서 빛나는 갑옷을 차려입고 무기를 집어 든 다음 싸우러 나갔다. 그를 보는 것만으로 쿠레트족은 공포에 사로잡혔다. 그들은 그의 무서운 화살을 피하기 위해 허겁지겁 달아났다. 그러나 미처 달아나지 못하고 죽어 넘어진 사람이 부지기수였다.

불과 몇 시간 만에 칼리돈은 적군으로부터 해방되었다. 쿠레트족은 플레우론으로 도망쳐서 요새에 피신했다. 그러나 전투 중 멜레아그로스가 죽인 사람들 가운데 남아 있던 그의 외삼촌 둘이 끼여 있었다. 그들을 죽인 것은 최악의 실수였다.

아들이 자기의 마지막 남은 두 형제를 죽였다는 사실을 안 알타이아는 증오심이 되살아났다. 그녀는 다시 신들에게 복수해 달라고 간청했다.

"인간은 그를 죽일 수 없더라도 당신들은 할 수 있을 게 아닙니까?"

알타이아는 이렇게 외쳐 댔다. 그녀의 외침이 계속되자 마침내 운명의 여신들이 그녀 앞에 나타났다.

그들이 말했다.

"신들에게 아무리 청해 봐야 소용없어요. 당신이 난로에서 꺼냈던 그 통나무를 불에 던지기 전에는 신들도 어쩔 수 없다구요."

그 말을 들은 알타이아는 자기 형제들을 죽인 아들에 대한 증오심으로 눈이 먼 나머지, 여러 해 동안 간직해 두었던 검은 나뭇등걸을 장롱에서 꺼내 불속에 던져 버렸다.

그 순간 아폴론이 올림포스에서 내려와서 멜레아그로스가 쿠레트족을 추격하고 있던 싸움에 끼어들었다. 통나무가 재로 변할 때, 아폴론은 무서운 활을 들어 올려 영웅의 목숨을 빼앗았다.

이렇게 해서 멜레아그로스는 고통과 쓰라림으로 찢긴 채 어둠의 왕국으로 내려갔다. 여기서 멜레아그로스의 이야기는 끝난다. 이 이야기는 너무나 슬퍼서 헤라클레스가 이 이야기를 듣고 눈물을 글썽였다고 전해진다.

아탈란테와 멜라니온

아탈란테가 칼리돈의 멧돼지 사냥에서 명성을 얻자 마침내 아버지인 라시온은 그녀를 딸로 받아들였다. 라시온은 그녀의 신랑감을 찾아주기로 했다.

역시 칼리돈의 사냥에 참가했던 멜라니온이 그녀에게 청혼했다. 그러나 콧대 센 아탈란테는 자기의 자유를 포기할 생각이 전혀 없었다. 결혼을 피할 생각으로 그녀는 아버지에게 이렇게 말했다.

"전 그와 경주를 하겠어요. 멜라니온은 저보다 먼저 출발할 수 있어요. 그가 먼저 들어온다면 그와 결혼하겠어요. 하지만 제가 도중에 그를 따라잡는다면 그를 죽이고 말겠어요."

아탈란테는 청혼자가 감히 자신의 제의를 받아들이지 못할 것이라고 확신했다. 하지만 멜라니온은 그녀를 너무나 사랑하고 있었기 때문에 위험을 무릅쓰기로 했다.

다행히 언제나 진실한 연인을 돕는 아프로디테가 멜라니온을 도우러 나섰다. 아프로디테는 그에게 황금 사과 세 개를 주면서 언제고 아탈란테가 가까이 쫓아오면 사과를 한 개씩 떨어뜨리라고 지시했다.

멜라니온은 아프로디테가 시키는 대로 했다. 아탈란테가 그를 따라잡으려고 할 때, 그는 첫 번째 사과를 어깨 너머로 던졌다. 황금 사과가 햇빛을 받아 너무나 아름답게 빛났으므로 아탈란테가 사과를 줍느라고 허리를 굽혔다. 다시 그녀가 쫓아오자 멜라니온은 두 번째 사과를 던졌고 얼마 뒤에 다시 세 번째 사과를 던졌다. 이렇게 해서 멜라니온은 결승선을 먼저 넘을 수 있었다.

경주에서 이긴 멜라니온은 기뻐서 어쩔 줄을 몰랐고 그

가 싫지 않았던 아탈란테도 그를 남편으로 맞아들였다.

두 젊은이는 즉시 결혼했다. 그러나 그들의 사랑은 오래가지 못했다. 그들이 결혼 첫날밤을 제우스의 신전 정원에서 보냈기 때문에 제우스의 벌을 받았던 것이다.

기분이 몹시 상한 제우스는 그들을, 슬픈 눈으로 서로 바라보고 있는 두 마리의 돌사자로 바꾸어 놓았다.

돌로 굳어 버린 그들은 다정한 말을 주고받을 수도 없고 서로 포옹할 수도 없었다. 그들은 거기 그대로 남아서 지나가는 사람들의 동정을 사고 있다. 동정은 인간의 마음에서는 쉽게 우러나오지만 신들에게서는 좀처럼 찾아보기 힘든 감정인 것이다.

정재승이 추천하는
뇌과학으로 신화 읽기 《그리스·로마 신화》

제1권 키워드 권력
    제우스 헤라 아프로디테

제2권 키워드 창의성
    아폴론 헤르메스 데메테르 아르테미스

제3권 키워드 갈등
    헤파이스토스 아테나 포세이돈 헤스티아

제4권 키워드 호기심
    인간의 다섯 시대 프로메테우스 대홍수

제5권 키워드 놀이
    디오니소스 오르페우스 에우리디케

제6권 키워드 탐험
    다이달로스 이카로스 탄탈로스 에우로페

제7권 키워드 성장
    헤라클레스

제8권 키워드 미궁
    페르세우스 페가소스 테세우스 펠레우스

제9권 키워드 용기
    이아손 아르고스 코르키스 황금 양털

제10권 키워드 반전
    전쟁 일리아드 호메로스 트로이

제11권 키워드 우정
    오디세우스

제12권 키워드 독립
    오이디푸스 안티고네 에피고오니